子どもの運命は14歳で決まる！

わが子の将来のために、
親として何ができるか

櫻井秀勲

きずな出版

はじめに――
育てる楽しみと喜びを、前面に押し出す

「私たちの音楽の好みは、14歳のときに聴いた音楽によって形成されている」――という研究があります。14歳は中学2年生に当たりますが、あなたのお子さんはどんな音楽を聴いているでしょうか？

もしかすると、勉強のことで頭がいっぱいになっていて、子どもの音楽の趣味まで知っている親は少ないかもしれません。

しかし、そういわれてみれば子どもの部屋に入ったとき「うるさい音が鳴っているな」とか「静かなピアノの音楽だわ」と、思い出せるのではないでしょうか？

たとえば、ロック調の音楽ばかり聴いているようなら、もしかすると大人になって、わりと激しい仕事や趣味に進むかもしれません。

これは音楽にかぎらず、趣味や興味が14歳頃に決まっていく、ということの表れといえるでしょう。

逆にそれまでの時期は、なかなか1つのことに時間を集中させることができない、といわれます。「あっちをやってみたり、こっちをやってみたり」というお子さんが多いはずです。それはまだ自分の才能というものに、気がつかないからです。

しかし14歳ともなると、男の子も女の子も、はっきりとわかってきます。学校の友だちと毎日競《くら》べているからです。

運動も勉強も話し方も、いや、夢の持ち方からも自分の位置を知ることになります。

この時期になると、子どもは親に話すことなく、漠然と自分の一生……というと少々オーバーですが、社会に出ていく姿を想像するようになります。

ここが、もっとも大切な数年間になります。

それこそどんな音楽を聴いているのか、どんな友だちとつき合っているのか、どんな希望や悩みをもっているのか――父も母も、わが子にもっとも大きな関心をもつべきでしょう。

14歳という年には、わが子に絶対マイナスな言葉を使わないほうがいいと思います。ばかりに「私、大人になったら政治家になりたい」と子どもがいっても、バカにしたような顔や「そんなのムリよ」というべきではありません。親はいまの生活、あるいは夫婦の職業から考えて判断しがちですが、それは大きな誤りです。

私はこの本で、14歳の子どもにはいかに大きな可能性があり、それをどう伸ばすべきかを書いています。極論するならば、親の思いの強さ、高さによって、わが子の未来が決まってしまう、といってもいい過ぎではありません。

育てる楽しみ、喜びを前面に出してください。育てるむずかしさ、苦しさは、ぐっと飲みこむことで、わが子は大きく育っていくはずです。

著者

第1章

なぜ14歳は運命の分岐点なのか?

第2章 親は、子どもの将来に責任がある

第3章

運命はこう変化していく

第4章 わが子が将来伸びていくには？

第5章

来るべき時代を知っておく

第6章 これで運命は最高になる

第1章

なぜ14歳は運命の分岐点なのか？

「大人になってから困る人」が大勢いるという現実

私の周りにはセミナーやセッションの講師をプロとしておこなっている人が何人もいます。これらの人たちは、この仕事だけで結構忙しいです。ではなぜそんなにも参加者が多く、忙しいのでしょうか。それほど現代人は勉強家なのでしょうか？

たしかにそれは事実でしょう。新しいビジネス手法を知らないと、これからはＡＩロボットに仕事を奪われかねないから、ビジネスセミナーなどが人気なのも頷けます。

しかし、もっと大きな理由は、「自分が何をやっていいのかわからないから、セミナーなどで勉強をする」という人たちが非常に多いということです。これはもしかすると、子ども時代からの親の教育の仕方が間違っていたのではないでしょうか。

多くの親はいい大学に入れることを目標として、わが子を育てています。この「いい大学」が将来、問題になります。いい大学のトップは国立系では東大、京大などであり、私立では慶應、早稲田大学などでしょう。これらトップクラスの大学であれば、受験生は将来を見据えて学部と学科を選んでいるはずですが、問題は大学に入るのを主たる目的として、肝心の学科を選んでいない学生が多すぎるのです。

これらの若い世代のうち、専門学科の選び方を間違えた人、就職先に失敗した人が驚くほど多いという現実があります。

現在、セミナーやセッションを受ける人たちは、そんなふうに自分の人生目標、目的がわからなくなり、講師の先生方を頼ってくるのです。

私のところにも、自分の才能がわからないと相談に来る男女が少なくありません。話を聞いてみると、ともかく有名大学に入ることを目標に勉強してきたといいます。

これはもったいない話で、素質としては優秀でありながら、それを花開かせる方法を知らなかったということでしょう。もし両親が早くに「わが子の能力を伸ばさなければ」と気づいていたならば、適材適所に収まっていたはずなのです。

運命は14歳で決まるというのは〝14歳という1年で決まる〟ということではありません。

〝14歳までに決まる〟ということで、「わが子の才能を見抜くために14年間もある」と考えてもいいでしょう。

幼稚園の頃から石ばかり集めていた、ある少年がいました。

母親は部屋が石ころだらけなので、よほど全部捨ててしまおうかと思ったそうですが、それでも我慢していたところ、この子は考古学か歴史学を学びたいと、早くからいい出したそうです。中学の理科の先生がそういう指導をしてくれたそうで、この子はのちに考古学者になり、大学の教授になっています。

将棋の天才・藤井聡太君も、5歳のとき、負けると泣いたという負けず嫌いの性格を見て、「将来、専門棋士にしなければ」と、家族や周りの大人たちが思ったそうです。

このように早くから、わが子の才能に注目していることが大切です。大学に入れるだけを目標にする親であっては、のちのち大人になって困るのはわが子なのです。

ポイント

「石拾い」も才能の片鱗かもしれない

これからは「聴く」「話す」ことのできる大人になるべき

時代は「読む時代」から「見る時代」「聴く時代」「話す時代」に移りつつあります。

勉強というと「本を読む」ことと思っている親の世代は驚くほど多いものです。

いま、出版界は紙に印刷された本だけでは成り立ちません。

図書館も本を貸し出すだけでは、若い世代は利用しなくなっています。

ところがどの家庭でも、子どもが本を読んでいれば勉強していると、錯覚しているのです。それもマンガは厳禁で、活字の本なら買ってあげるという母親は多いのではないでしょうか?

私は作家であり出版社の社長でもありますが、若い人たちは活字を読むより、マンガ、劇画を見る、めくる時代に突入しています。いや、最近ではそれよりスマホで読む、見る、聴く、話す生活に移ってきました。

スマホには一長一短あり、親として見せたくない内容も入っています。それだけでなく、悪友ともつながる危険性もあります。

これはマイナスから見た場合ですが、プラスから見ると、最先端の技術や情報がぎっしり詰まっており、すでに幼稚園未満からスマホを持たせる親もふえています。

最近では、パソコンは犬猫でも利用しているという冗談も出ているくらい、この情報機器は人間の手足同然です。いや手足どころか、目、耳、口の役目も果たしてくれます。

将来を考えると、読むことのできるわが子より、聴き且つ話せるわが子に育てるほうが賢明でしょう。

最近の大学では、教授の講義を聞くより、学生同士のセッションや論争を戦わす時間がふえてきています。自分の考えをしっかり話せないと、いい成績はもらえません。

また大学を好成績で出ても、お笑い芸人になりたい、という若い男女が多くなっています。この状況から、明らかに「話す時代」に突入したと考えていいでしょう。

古い世代の親たちは、こういう若者たちをどうしても軽く見がちですが、その考えを捨てないと、子どもたちが可哀そうです。

というのも、20歳を過ぎて社会に出てから、話術を勉強しても遅すぎます。

話術は中学生からスタートしないと、論理的に話せなくなるからです。

また話すということは、聴くことが前提になってきます。しっかり聴くことができるから、しっかり話すことができるのです。

ところが現在では、これができない子どもがふえています。

人の話をしっかり聴かずに、部屋の中を動き回るのです。

このタイプの子は人の話を聴くことも話すことも、苦手だといわれます。

つまり、これからの時代に合わないのです。運命的にいえば、失敗する危険性が多いです。時代の動く方向をしっかり見定めて、わが子を育てないと、これからの時代に合わない大人になってしまうでしょう。

ポイント

読み書きより、コミュニケーション能力を伸ばそう

14 歳で、使いものにならなくなる

「優秀な人ほど休日に風邪を引く」という言葉があります。風邪は、わが子が社会人になったとき、上司から「この社員は使いものになるかどうか？」を判断されるものです。「使いものにならないな」と判定される理由の1つに、欠勤があります。

人間ですから病気になるのは仕方ありませんが、不思議なことに優秀な社員ほど、正月やゴールデンウイークに風邪を引いたり、お腹をこわすのです。

普段の緊張感がなくなるからでしょうか。これは多くの会社の管理職が経験しているもので、「あまり有能でない社員ほど、月曜日に休む」というジンクスがあります。

恐らくこれは小・中学校時代の習慣の名残りで、一種の月曜病です。また土日に遊びすぎたり食べすぎたりで、調子を崩す人が多いのでしょう。

これは小さい頃からの家庭教育が理由ともいわれています。

ちょっと咳をした、お腹が痛い、というだけで学校を休ませていると、社会に出てもそれが許されると思ってしまうのです。

学校に通う時代は、私立であればこちらが授業料を支払っているので、極端にいえば行くも休むもこちらの自由です。

しかし会社に入ったら、そう簡単ではありません。時間外の勤務であれば、こちらの自由になりますが、時間内であれば、こちらが勝手に休んだりしたら、どの会社でも退職させられるでしょう。それより先に、周囲の先輩や同僚に迷惑をかけてしまいます。

運命と一口にいっても、ラクをして上昇運になる人は少ないでしょう。

極端にいうならば、自分の命の運び方によって決まるものだけに、無責任な生き方をして、うまくいくことはありえないのです。

ところが気がつかないうちに、親はわが子を下降運にもっていっています。

特に母親は自分の子可愛さに、自己中心に考えます。

風邪気味なら休むのは当然、と思うのです。たしかにそれは間違っていません。

ただそれは自己中心的な考えであって、職場によっては他人がその欠勤によって、どんな迷惑をこうむるかまで、考えは至らないのです。

それでいながら、

「人のためになるような人生を送りなさい」

と教えているのです。

これでは子どものほうが迷ってしまうかもしれません。

小学校までは親の責任で判断するにしても、中学生になったら、わが子に判断させる部分を広げてやらないと、迷惑するのはわが子です。

いや、きちんと判断させないと、将来使いものにならなくなるでしょう。14歳になったら子どもの運命は子どもに任せないと、一人前になりません。

ポイント

14歳は、責任を自覚させるタイミングである

わが子には無限の〝危険性〟もある

「子どもには無限の可能性がある」という言葉をよく耳にします。

まさにその通りですが、実際にはこれを「無限のプラスの可能性と共に、無限のマイナスの可能性もある」といい換えるほうが正しいでしょう。

ある14歳の女子中学生が、友だちの家から1千万円盗んで、それを10人の同級生に配った、という話がありました。新聞記事になって、世の親たちを驚かせましたが、この記事のポイントは「10人の同級生に配った」という部分です。

盗んだ女子中学生は確信犯のようです。

なぜかというと、母親に見つかって、一旦はその大金を取り上げられていながら、母親がいなくなったスキに、その1千万円を持って配りに行ったからです。

同級生たちの歓心を買おうとしたのでしょうが、報道によると、1人数十万〜100万円近くもらった10人の同級生が、誰一人、警察や親に知らせなかったのです。

機会さえあれば、まさに無限のマイナスの可能性がある、という以外ありません。

お金を受け取った側の親にしてみれば、そんなことを1人の少女がしなければ、うちの子が警察に取り調べを受けることはなかったし、悪の淵《ふち》に立つことはなかったのです。

憎しみはその同級生の少女に向かうことでしょう。考えようによっては、わが子は何も悪いことはしていないのです。とばっちりで大ごとになったともいえます。

しかし、ここが未成年の子どもの突飛さというか、怖いところで、親がちょっと油断していると、しっかりしているわが子でも、とんでもない方向に向かってしまうのです。

運命はまさに14歳で決まる、いや、14歳の本人が決めてしまう、といってもいいかもしれません。プラスの道を行くべきか、それともマイナスの道に進んでしまうかは、親が決めることではなく、本人の考えで決めてしまうのです。ということは「勉強をやりなさい」とうるさくいっている親は、もしかすると間違いかもしれません。

『母原病』（サンマーク出版）というベストセラーがありましたが、いまは「母原罪」というべきかもしれません。病気ではなく罪をつくってしまう母親もいるということです。

この新聞記事を読んだ私の友人は、

「なぜ一旦子どもから取り上げた1千万円を、カギのかかった引き出しにしまわなかったのか、そこがわからない」

といっていましたが、たしかに一理あります。

わが子を信じすぎたことで、罪をつくってしまったのです。

これは企業の職場にもいえることで、新入社員を信じすぎて、失敗することがあります。

もちろん新入社員は誰でも、社長にまで昇っていく可能性があります。

しかし昇る途中で転落する危険性もあるだけに、上司が常に注意を払わなければなりません。しかも可能性は上司でなく、新入社員本人にあるのです。

わが子もまったく同じということでしょう。

ポイント

油断せず、少しだけ疑おう

子どものキャラをじっくり見よう

最近の就職状況を見ていると、ただ学力が高い、一流大学を出ている、というタイプが有利なわけではありません。大きくいうと、これからの若者はそれほど就職には困りません。なぜなら若者の数は減るばかりだからです。

逆に高齢者（65歳以上）はふえる一方です。先の話になりますが、２０３５年には、３人に１人が高齢者になるといいます。これに対し若者の人数は減っていくのですから、むしろ就職はラクになるばかりです。

となると、必死になって勉強させ、一流大学を目指しても、もしかすると勉強をせずに二流校に入学した学生と、あまり差はないとも考えられます。

すでに現在でも大卒求人倍率は２０１８年度で１・78倍と、学生に断然有利です。この先求人倍率はどんどん上がるばかりで、下がることは、ほとんど考えられません。

ところが親はそういう状況でも、わが子への教育の手は緩めません。より有名な会社、より収入の高い企業に入社させたいと考えるからです。


しかし、それは親の視野が狭すぎます。


かりに現在14歳の子がいるとすると、8～10年後の22～24歳で就職することになります。10年後となると、現在の一流企業がそのまま一流でありつづけるか、そこは誰にもわかりません。むしろわかりやすいのは、どういう分野の産業が上昇するかでしょう。

誰が考えてもわかるのは、上昇組のトップはＩＴ関係でしょう。

成長業界ランキングを見ると、1位がＩＴ業界、2位が広告業界、3位が人材派遣業界、4位が娯楽・観光業界、5位が医療・介護業界となっています。

もしかすると、親がそれほどくわしく知らない業界が巨大化していくのです。

そうなると、わが子の教育の仕方を、もう一度考え直す必要が出てきます。

本当のところをいえば、わが子を見ていれば、成長産業はわかるはずなのです。なぜなら子どもたちは、古くて滅びゆくものには、興味を抱かないからです。

1歳の子がスマホに夢中になるということは、IT系の企業がもっともっと伸びるということであり、若者が自動車を買わないというのは、明らかにいまの自動車産業が衰退するということでしょう。

いまの親たちも、まさか財閥企業の三菱自動車が、日産の傘下に入るとは思いもよらなかったことでしょう。

そこで大事なことは、古い観念の親の指導より、未来型の子どものキャラを大切にすることです。どんなことに興味を抱いているのか、その興味を伸ばしていくほうが、将来有利になるのではないでしょうか？　金融業界の一部では、一芸に秀でている学生を採り出したところもあります。銀行だけでは伸びる見込みはない、と判断したのでしょうか。

「勉強より遊びが大事」な時代が来るのかもしれません。

もう少し視野を広くしませんか？

ポイント

時代の流れを読み、一芸に秀でた子に育てる

わが子は何に向いているかを調べる方法

口を動かすか、手を動かすか、足を動かすか――によって、得意科目が異なるという話があります。

たしかに手と足をフルに動かせる人は器用なタイプであり、体を使う仕事に向いています。それに対して口を動かすとは、話上手ということでしょう。

子どもの学校での日常を見ていると、およそどういう職業に向いているかわかる、と中学校の教師に聞いたことがあります。

これからは全地球型の職業が成功する、ともいわれます。この狭い日本にインバウンド（訪日外国人客）が溢れるのですから、まず語学が必須でしょう。

すでに伊藤忠商事では、中国語を話せる社員の数は総合職の3分の1に当たる、1000

人を超えているそうです。

もしわが子が口達者であれば、外国語をどんどん話せるようにすべきでしょう。まさに14歳で成功の運命は決まるのです。

手を動かすのが好きな子は、創作性の強い仕事に向いています。たとえば料理、飲食系の仕事に進めば、一流のシェフになるかもしれません。

もちろんＩＴ関係は最強です。

ちなみに手が器用であるか、口が達者であるかは、手相や人相でもわかります。これについては別章でくわしく話しましょう。

また足を動かす子は、何事にも成功の確率が高いといわれます。それは「調査、観察する」というプラスの性格がしっかりついているからです。

かりに「そこは遠いからイヤだ」と言ったり「くたびれるから行かない」というタイプの子であれば、足にまつわる仕事には向いていません。

遠くまで行く仕事や観光事業、スポーツ関係は不利でしょう。また歩かなくても、立ちつづける仕事も不適当です。このタイプが百貨店やスーパーなど販売関係に入ったら、途中で辞めてしまうかもしれません。

反対に、喜んで遠くまで出かけたり、一日中立ちつづけていても、くたびれないというわが子であれば、体を使う仕事に向いています。そしてこの子は断トツに有利でしょう。なぜなら嫌がる人が多いので、競争相手が少ないからです。

ちなみに私は週刊誌の深夜作業が好きで、徹夜もまったく苦になりませんでした。これが私に有利に働いたのです。

仕事というものはどんな職業でも、手足や目、口、耳を酷使するだけでなく、睡眠不足や空腹にも耐えなければなりません。

わが子の日常を見ていて、我慢強いようなら、成功の確率はとても高いです。

どんなに勉強ができようと、文句の多い子は失敗しやすいし、転職しつづけることでしょう。その徴候が見えたら、そこを重点的に矯正することです。

ポイント

口を動かすか、手を動かすか、足を動かすか。あなたの子はどのタイプ？

大勢の中で萎縮しない度胸をつけるには

大人でも子どもでも同じでしょうが、大勢の中に入ると、萎縮してしまいます。「壁の花」という言葉もありますが、パーティなどに行くと会話の輪からはずれて、壁際に立っている女性をよく見かけます。

昔の話になりますが、私が息子を連れて、ある中学の受験に参加したときのことです。私もあまりの受験生の数に驚いてしまったのですが、その中ですくんでしまい、校庭から試験場に入れなくなった子がいました。母親は立ちすくむわが子になすすべもなく、呆然としていましたが、勉強ばかりさせて、混雑の中での心構えを教えてこなかったのでしょう。

テレビタレントの話を聞いても、広い会場での司会はむずかしいようで、よほど慣れないと、簡単な言葉でも口から出てこないといいます。

高校野球でも、甲子園では初出場校はなかなか勝てません。実力はあっても、それが大観衆の前では出せなくなってしまうからです。

いくら勉強ができても、度胸がなければ実力は出せないということで、慣れが大事ということでしょう。

ふだんから大勢の中に連れて行くことも、子どものために必要なのです。

もしあなたの子どもが、気が小さい、臆病、緊張しやすい、勇気がない、不安に襲われやすい性格だったら、せっかくの実力があってもそれが表面に出にくいので、度胸をつけさせなければなりません。

それと同時に、親も子どもが不安になるような言葉をいわないことです。

「大丈夫?」

母親がよくいう言葉ですが、あまりプラスにはなりません。

むしろ本人が「大丈夫だろうか?」と不安感が強くなる危険性もあります。

テレビタレントにいわせると、最初のうちは相手の目をまともに見られなくて、目を伏せてしまうとか。すると声も小さく低くなって、完全に相手タレントに食われてしまうそうです。

これを克服するには、まず目で相手を見ること。声を大きく出すこと。この2つだそうです。こうしていくと、少しずつ勇気が湧いてきます。

大勢の前に立つときは、一度背伸びをすることも効果があります。

特に地方に住む方はできれば小さい頃から、野球場や動物園、あるいはディズニーランドのような人混みの中に子どもを連れ出すのも効果的です。

近頃は1人っ子が多くなっているので、大勢の中が慣れないのです。

自信をつけるには、こういう人混みの中に連れ出すことが有効です。

気後れしない子どもに育てることも、大切な勉強の1つです。できれば大きなホテルで食事をするなど、豪華な雰囲気にも慣れさせたいものです。

ポイント

人混みの中に連れ出す。そして「大丈夫?」という声掛けはしない

成人の日が18歳に早まることを予定する

昔は男女とも元服の儀式というものがあり、その儀式を終えると一人前の成人と見られていました。この年齢は幅があり、古い時代は満年齢で4歳から19歳まで広がっていましたが、その後およそ14〜15歳になったといわれています(諸説あり)。

これは国内が戦争つづきだったので、男女とも早く結婚して、特に男子を生みたかったからだ、といわれています。そうしないと、戦いで男子が命を落とした場合、家系が絶えてしまうからです。

ところが平和の時代になると、死ぬ危険がなくなったため、次第に遅くなって最近では20歳が成人と決められていました。

しかし、このところのさまざまな社会的環境の変化や、肉体の早熟化、犯罪年齢の低下

などで、2022年4月1日から「18歳で成人」と改められることになったのです。

このことは子育てに非常に重要です。高校3年生で成人式を迎えるからです。大学入学時にはすでに一人前の大人と見られることになります。

これまでの子どもは、高校卒業から大学入学までの時期は親の庇護下にあったので、両親がわが子の進路を決めることができました。

しかし成人になると、子ども自身が決めてもよくなるわけで、そうなると中学卒業、高校入試時に、自分の進路をある程度、決めなければならないでしょう。

丁度そのケースが、中学生の14歳で将棋棋士になった藤井聡太君でした。

彼の天才性は誰でも認めるところですが、世間は「高校に進学しないで将棋界で活躍せよ」という声と、「やはり高校には行くべきだ」という声の真っ二つに分かれました。

それこそ藤井君の人生の岐路です。

彼は高校進学を決めましたが、これは数年後にはあなたの家庭で起こる問題です。

20歳から18歳と、たった2年大人になる年齢が早まるだけで、子どもへの教育は相当早めからスタートしなければならないでしょう。

決めなければならないというのは、ここにあるのです。

この2年間の圧縮は、親の生活にも大きな影響を与えます。

あまりそういうことは考えてはいけないかもしれませんが、子が早く大人になることで出費が少なくなり、老後の生活がラクになることもありうるからです。

また成人した子どもの的確な判断が、親の生命を救うこともあるかもしれません。人間は不思議なもので「18歳から大人だよ」といわれると、その気になるものです。

「そうなればそうする」「そうすればそうなる」という言葉がありますが、特に子どもの考えと行動は柔軟で、親が甘やかして育てるか、きびしく育てるかで、大きく違ってしまうでしょう。

甘やかして育てれば、その報いは親にきびしくなりそうです。

ポイント

2022年から「18歳で成人」になる！

睡眠法と睡眠時間が大切になる

14歳になって毎朝母親から起こされているようでは、前途が危ぶまれます。こんなことをいうと「毎晩遅くまで勉強しているので、寝坊は仕方がない」と反撃を受けそうです。医師も「受験だからといって、あまり無理をしないように」と、誰でもいいそうなアドバイスをするでしょう。

ただ、毎朝、母親や妹に起こされないと起きてこないような子どもでは、自立性がないことだけは確かです。

かりに起こされるとしても、人間ではなくGoogle HomeやAmazon EchoのようなＡＩ機器に起こされるなら、将来、面白い才能を発揮するかもしれません。

そこには甘えが利かないからです。もともと誰かに起こしてもらうことは、そこに甘えが潜んでいます。誰かの助けがないと、生きていけないことを示しています。

これでは社会に出たとき、一人前として認められないでしょう。

食事は、空腹になるので誰かにいわれなくても食べるでしょう。ところが、睡眠は眠ければ何時まででも寝ている、という大人に育っては最悪です。

なぜなら社会に出たら、睡眠は仕事と直接連動するからです。深夜まで残業していても、翌朝はいつも通り起きなければなりません。もしかすると、いつもより早く出勤しなければならない日もあるはずです。

会社に勤めている身分は意外に安定しているもので、なかには残業したら、翌日の出勤を遅くしてもいい、という人もいるでしょう。

しかし世の中はそういう働き方だけではありません。私は週刊誌の編集長を何十年もやっていましたからいえるのですが、平均睡眠時間は5時間程度でした。

だからあなたの子どもも5時間睡眠させよう、というわけではありません。働く時間は仕事の分野によって1人ひとり異なるからです。

たとえばテレビの関係者や、タレントたちも過酷な仕事ぶりです。

彼らは1日3時間の睡眠でも、仕事をつづけなければなりません。それでも女優さんたちの肌はツヤツヤです。

これは仕事を楽しんでいるか、喜んでいるからであって、シブシブ早朝から仕事をしているわけではないのです。仕事が苦にならないのです。

睡眠だけは、母親は子どもを甘やかさないほうがいいと思います。

寝坊して遅刻しても自己責任だ、というきびしい姿勢が必要でしょう。

親に助けられて、たとえいい思いをしたとしても、そんなものは社会に出たら、何にもなりません。むしろ「お母さんが甘やかしたから悪いんだ」と、わが子に怨まれるかもしれないからです。

14歳でわが子の運命が決まるといっても、その運命を決める何割かは、親の育て方にあります。甘やかせば、子はその通りに育つのです。そこを自覚してほしいのです。

ポイント

寝坊での遅刻は自己責任にさせる

いますぐ始める子どもに育てる

これは大人の社会の話ですが、何かを頼んでも、すぐ始める人は意外に少ないものです。

私の経験でも朝「すぐ頼むよ」といって、「ハイ」と答えたので安心していましたら、夕方になってもやっていない。呼んで理由を聞くと、前の仕事が詰まっているので「明日の午前中になる」というではありませんか。「すぐ」の意味がわからないのでしょう。

いまから50年近く前、千葉県松戸市役所で「すぐやる課」という、お役所らしくない課が誕生しました。

ドラッグストア「マツモトキヨシ」の創業者松本清氏が当時の市長でしたが、この市長が市民の不満に応える形でつくったのが、この課でした。

いまでは全国の300以上の自治体に、同名の課が生まれていますが「すぐやる前に、よく聞くことが大切」と「広報すぐきく課」を設けた市もあります。さらに「元気おとしより課」という高齢対策課もあります。

それらの課がなぜできたかといえば、サービス精神の少ない男女がふえてきた、ということでしょう。つまりサービス精神の強い人間であれば、どこでも大歓迎なのです。

じつは勉強のよくできる子と、すぐやる精神をもつ子は、まったく一致しません。なぜならば、勉強のよくできる子は「ほかのことはしなくていいから、とにかく勉強するんだよ」と、育てられるからです。

けっしてその子が悪いわけではありません。育った環境、育ての親が悪いのであって、それが性格になってしまったのです。

お子さんの中には、勉強の嫌いな子もいることでしょう。

こういう性格の子は、笑顔の明るい子に育てるとか、どんなことでもイヤがらずに、すぐやる子に育ててみたらいかがでしょう。

そのような性格は、社会に出て必ず役に立つものです。

かつて掃除だけで悟りを開いた、周利槃特《しゅりはんどく》という僧がいました。自分は頭が悪いと決めつけていたので、毎日、来る日も来る日も、境内の掃除をしていたのです。

釈迦はこの僧に目をつけ、

「自分を愚かだと知っている者は、愚かではない。自分を賢いと思いあがっている者が、本当の愚か者である」

と訓したといわれます。

彼は師の教えに従い、その後の20年以上も「塵を払い、垢を除かん」といいながら掃除をしつづけ、とうとう阿羅漢《あらかん》にまで達しました。阿羅漢とは、悟りを開いた覚者という地位です。

私はこの話をよく講演などで使いますが、「すぐ始め、長くつづければ、必ず成功する」と信じているからです。頼まれた仕事をすぐやるだけで、世間に出たら成功するのだ、という当たり前の考えを植えつけたらどうでしょうか。

ポイント

どんなこともすぐやる癖をつけさせる

第2章

親は、子どもの将来に責任がある

子離れは早いほうがいい

いまの親たちは大学どころか就職するまで、わが子を〝子ども扱い〟しているのではないでしょうか？

それは入学式、卒業式、あるいは入社式に親も参加するというところから垣間見えます。

もちろん、それを拒否するわが子もいますが、多くの子どもたちは、喜んで来てもらうといわれます。これだけ見ても「親離れ」しているかどうかわかります。

私の週刊誌編集長時代の経験で、就職して1年間ほど、夜になると母親から電話を受ける男性編集部員がいました。

あるとき、その部員が席を外しているときに同僚がその電話を取ったのですが、

「今夜は何時頃帰れるか、夜食は何がいいか、折り返し電話をするよう伝えてください」

といわれ、驚いて私に報告に来たのです。

いまは誰でも個人で携帯をもっているので、プライベートな話はわからなくなりましたが、これは明らかに母親の子離れができていない好例です。

子どもが親離れしていないということで、よく話題になりますが、むしろ親が子離れしていないほうが、大きな問題です。

親が子離れできないから、子どもも親から離れていかないのではないでしょうか？

近頃は人間より犬のほうが、よくしつけられている、という話を聞きます。

犬にせよ猫にせよ、まっ先に排便のマナーを教えられ、次に「ほえない、噛まない、待つ」の3点をしつけられます。

この3点は、人間の子どもでいえば「大声を出さず、泣かない」こと。次に「他人を叩いたり、暴力をふるわない」こと。そして3つめは「我慢する」ということでしょう。

では、この3点は、何歳までに教えられるのでしょうか？

14歳だそうです。

もともと私たちは、社会人になってから恥をかかないよう、常識、マナーを学んでいます。大きくいえば人間力ですが、それらは大人になってからでも、十分間に合います。また社会人になってからでないと、わからないものもあるからです。

ところが先の3点は大人になる前に身につけないと、その子の運が下がってしまいます。

それだけでなく、中学生になったら「挨拶、笑顔、お願い、断わり、お礼の仕方」の5項目をしっかり身につけていなければ、バカにされるでしょう。

いや、その本人がバカにされるだけでなく、親が恥ずかしいはずです。かりに親がいつまでも何かの式や行事についてくるといったら、本人がそれを断わらなくてはならないのです。

その日常会話ができなかったら、運命が高まることはありえません。親は14歳までに子離れしないと、自分でわが子の運を落としてしまうのです。

ポイント

14歳までに子離れしないと、子どもの運が落ちる

子どもがバカなことをいっても、親は真剣に聴くべきだ

堀江貴文さんはかつて「ライブドア」という会社の社長でしたが、証券取引法違反で上場廃止となってしまいました。この事件は有名なので誰でも知っているでしょう。

ところが彼は不死鳥のように蘇り、現在では以前よりはるかに有名になっています。

この堀江さんは愛称「ホリエモン」と呼ばれていますが、この名はその辺の子どもでも知っています。

彼が最初にホームページ制作の会社をつくったのは、23歳のときです。東大の文学部にいたときですが、彼はこのとき惜しげもなく東大を中退しています。

私は経済誌の友人から、このとき初めて堀江貴文という名を教えられたのですが、よく聞くと高校時代から先見の明があったとか。

たしかに今から20数年前にＨＰ制作を思いつくというのは天才的です。

私がいいたいのは、当時ホリエモンに投資して、資金を出した人がいたということです。

もしかすると実の父親のほうが、危ぶんでいたかもしれないのです。

ナポレオンの夫人は、自分の夫がそんなに偉い人だと思っていなかった、という逸話が残っているほどですが、同じように自分の子どもが、どれほどの能力をもっているかを知らない親は、大勢いるといわれます。どんな親でも、自分の経験値によって、自分の子どもの価値を測ろうとするからでしょうか？

「そんなことばかりしているんじゃない！」と、わが子を叱る親は、

（1）マンガばかり読んでいる

（2）友だちとラインばかりしている

（3）スマホばかりいじっている

（4）テレビばかり見ている

この4つのことを、自分の部屋にこもって毎日やりつづけているから叱るといわれます。

それに対して、

（1）本を読んでいる
（2）塾の宿題をやっている

この姿を見ると、ご機嫌になるそうです。パソコンを立ち上げているときは、親によって半々だとか。使い方によってはプラスにもマイナスにもなるからでしょう。

しかし10年先を考えるとすれば、前者の4つのほうが正解です。

最近のセミナーの大半は「好きなことをやって人生を開いていこう」というテーマです。親からすれば「何をバカなことをいっているんだ！」と怒り出すかもしれません。

しかし現実に好きなこと、あるいは人が見逃しているポイントを見つけられれば、好きなことで、悠々と人生が送れるのです。

極論をいうならば「大金は働かなくても入ってくる」のです。もしお子さんがそういうことをいったら、怒らないで真剣に聴く耳をもつことが大事です。

ポイント

好きなことをやらせよう

人生訓をもつ父母の子はよく育つ

なぜ親の考え方や行動が大切かというと、子どもはそれを毎日のように見たり聞いたりして、育っているからです。しかし同じことを隣のおばさんがやっていたり、話したとしても、子どもはそれを真似したり、同じことをしようとは思いません。

子どもは誰からもいわれなくても、小さい頃から親を尊敬しているからです。

全世界の人々は太陽が朝、昇ってくるところを見ると自然に拝みたくなるといわれます。誰にいわれたわけでもないのに、太陽は大切なもの、神様のようなもの、と思うのです。

これはアフリカの人たちでも日本人でも、まったく変わりません。これと同じように、子どもはどの民族でも、親を大切なもの、特に小さい頃は母親を大事に思うのです。

「**母は育てる、父は教える**」という言葉があります。「教育」とは、ここからできた言葉ですが、幼い頃の母親の存在、言動は特に大事でしょう。

運命は14歳で決まるのも、その年頃までは母親がしっかりしつけ、父親がしっかり働く背中を見せるからです。この教え育てる方法により、子はいい運命を背負います。

逆に、14歳までに父も母もだらしない姿を見せていたら、その子は苦労することになります。ときに反発して反抗するようになります。心の中の尊敬心が崩れてしまうからです。

私の母は明治の人だったので、自分なりの人生訓をもっていました。

それは関東大震災と太平洋戦争の2回の災害時に「家族をいかに生き延びさせるか」で得た教訓のようなものでした。

このとき母は「人の反対の道を行く」ことで、わが子を助けたのです。

私が中学2年のとき、母は突然にぎやかな東京下町から寂しい練馬区の小さな町に引っ越すといい出しました。戦争中でしたが、まだそれほど切迫した時期ではありませんでした。

それでも戦争の行方に本能的に危険なものを感じたのでしょうか。この移転によりわが家は幸運なことに、全員、空襲による死から逃れることができたのです。

この「人の反対を行け」という母の人生訓は、のちに大した才能もなかった私を、成功に導くことになったのです。

「什《じゅう》の掟」といって、いまの会津地方では、昔から「ならぬことはなりませぬ」という七つの教えがありました。

「年長者のいうことに背いてはなりませぬ」

「弱い者をいじめてはなりませぬ」

など、これは昔の会津藩の「什」という組織によって、6歳から9歳の藩士の子に教えられたものでした。この時期に親からしっかりと人生訓を教えられると、それが習慣になると同時に、彼らの弟や妹あるいは子どもたちにも伝えていきます。

1つでも2つでもいいですから、この年齢に人生訓を教えていくと、その子の運命は大きく変わっていくでしょう。私は息子と娘にも「人の反対の道を行け」という母の教えを継がせています。わが子の運命は親が握っているといっても、過言ではありません。

ポイント

14歳までの親の教えが、子どもの運命を導く

他人の運をもらえる子に育てる

親は子どもを育てるとき、当然ですが成績を上げさせようと思います。そのために学習塾に行かせるわけですが、よく考えると大人の社会では、あまり実力がないにもかかわらず、とんとん拍子に出世をしていく人が目につきます。つまりコネの力です。

このときになって、親も子も不平等だと感じるのですが、人間はまったく知らない人より、少しでも知っている人に仕事をやってもらいたいものです。

これは社会の人間法則です。私自身、大学の同級生の父親の紹介で出版社に入社しています。まさに他人の運をもらった男ですが、このことを親はよく考える必要があります。

私の友人に、天皇の同級生がいました。これは天皇の運をクラスメート全員が受ける、ということです。かりに天皇と個人的に親しくならなくても、企業によっては大喜びで採用するかもしれません。話題をもった男だからです。

この話題をもった人間になると「実力プラス話題」という立場になり、運が積み重なるものです。

小さい頃から、先祖の墓参りに連れられていた子がいました。この子どもは、よくわからないままに、親の真似をして墓を水で洗うことが習慣になりました。

この子が成長してある企業に入ったところ、この経験が買われたのです。まさにご先祖様から幸運をもらったようなものですが「積善の余慶《よけい》」というべきでしょう。

だから親のあり方が大事なのです。

こういった家庭教育は、なるべく小さい頃からスタートするにかぎります。というのは、自我が出てくると、いうことを聞かなくなるからです。

自我が出る前に習慣化することが大切でしょう。

極論するならば、「良い習慣をつくれば、幸運をもらえる」のです。

ただし、この他人の運をもらえる時期はマチマチです。小学生でもらえる人、社会に出てからもらえる人、中年以降にもらえる人もいるでしょう。

親というものは、子の一生が幸せであってほしいと考えています。少し欲ばりなのです。ところがその一生の幸せは、いい大学、いい会社に入れれば成り立つ、と思っている人がほとんどです。

それはある程度確かでしょう。しかしそれだけとはいい切れません。

(1) 上から引っ張り上げてもらう運

(2) 横から支えてもらう運

(3) 下から持ち上げられる運

こういった他人の運をもらうことで、成績優秀者を超えることができるのです。

つまりは、親も子も他人から可愛がられるところから始まりますが、人脈が広がるほど、他人から運をもらえる立場になるのです。

ポイント

早いうちから良い習慣をつくると、他人の運をもらえる子になる

わが子はどういうタイプかを知る

わが子は何が大好きなのか、ときにはじっくり話してみませんか？　食べ物でもいいですし、ファッションでも音楽でもいいでしょう。お金が好きという子もいるはずです。子どもたちは想像でいっているのではありません。食べ物ならどこかで食べた料理がおいしかったはずです。音楽にしても、どこかで聴いたグループに興奮したに違いありません。お金が好きと考えている子は、社会科で勉強したか経済学部という大学の学部を知ったか、あるいは友だちのお父さんがお金持ちなのかもしれません。

子どもと話していくと、思いもかけないことに興味をもっていることがわかってきます。

私は旧制中学4年（現代の高校1年）の冬に、作家の太宰治と思しき作家と温泉宿で一緒になり、4日間を過ごしました。これによってその後小説に夢中になり、出版社志望になっていったわけですが、それまでは商学部志望だったのですから大違いです。

そういった自分の経験からもいえることですが、子どもの興味や将来の志望はどんどん変わっていくでしょう。

「うちの子は気が多くて困る」とこぼす親もいますが、気が多い子のほうが世の中の変動をキャッチできるのです。あれも食べたい、これも食べたい。あるいはあれもしたい、これもしたい、と気が変わるほうが、いまの世の中には合っているはずです。

私の周りには「こう早く社会が変化するのだったら、いまの会社に入るのではなかった」とこぼす人もいますが、この人はもともとムリだったのです。

世の中の変化に自分がついていけなかったら、自分が古くなるだけです。世の中の変化が速いのではなく、自分の変化が遅いのです。そう考えると、わが子がどういうタイプか知ることが大切だと思いませんか？

ポイント

子どもは気が多くてあたりまえ。じっくりと話を聞こう

この4項目をいえる子にすれば満点

私の友人の家庭では、お風呂場が幼い子の勉強の場になっているそうです。「10まで数えたら、お風呂出ていいよ」というと、子どもは一生懸命、「イチ、ニー、サン、シー」と数えます。

これはどの家庭でも見られる風景ですが、そのうちお風呂場の壁の水滴を数えさせます。水滴は無数にあるので、とうとう100まで数えられるようになるといいます。

これでもすごいのですが、そのうち濡らすと壁にくっつくアルファベットと数字の知育玩具を使わせて、1、2、3の数字を覚えさせています。

さらにお湯に浮く動物のおもちゃを買ってきて、「1ぴき、2ひき、3びき」という数え方から「1わ、2わ、3わ」など、動物によって数えるときの違いを教えているそうです。

こうすることにより、何匹、何羽だけでなく、何枚、何個という数え方もあることを知っていったというのです。私も孫が小さい頃は、この方法を使いましたが、なぜかお風呂場では、数え方が似合うようです。

私は14歳が大人になる関門と思っていますが、その理由は14歳が「親の子離れ」の時期に当たるからです。それまでは子の親離れが問題で、親はいかに早く、わが子を一人立ちさせるかが大事なのです。

そのためにはまず、

（1）人に好かれる笑顔をつくる

（2）自分の意見をいえるようにする

（3）挨拶とお礼がいえるようにする

（4）自分で決められるようにする

この4項目を教え、実行できるようにすれば、まずふつうの大人としては満点でしょう。

もちろん本当の大人になれば、これだけでは済みませんが、ここまで親が子を育てれば、もう一人前として、人前に出てもまったく恥ずかしくありません。

ここまで来たら、今度は親が子離れするべきでしょう。

父親は子離れをむずかしく考えていません。1つには日常的に子と強くつながっていないからです。どの家庭の父親でも、休日しかわが子と一緒の時間がつくれないからです。

いまこれが社会の大問題になっており、日常の食事からしつけ、教育に至るまで、すべて母親の責任になっているのです。ある程度は仕方ないとしても、これから父親はもっと、わが子の成長過程に踏み込まなくてはなりません。

少なくとも、育てるのは母親でも、人間関係から生きていく常識までを教えるのは父親の責任です。父親はなるべく最先端の教育をすべきです。パソコンでもスマホでも、最新のものを与えましょう。

幼児から与えてもいいのではありませんか。「それでは早すぎる」というような評論家は古くさいだけです。早く与えるからこそ、早く一人前になるのです。

ポイント

あらゆる方法で知能を育て、早く一人前にしよう

何でもいいから「1番」のものをつくらせる

「1番」というと、学業の成績を考えてしまうでしょうが、そうではありません。

親が成績のことをいいすぎると、勉強嫌いになりがちです。

特に父親は社会で何人も見ているでしょうが、学業のトップが会社内でトップとはかぎりません。勉強そのものが会社で評価される機会など、そうあるものではないからです。

ここでいう「1番」とは、生活上のつまらない1番でもいいのです。

1番早く食べる、1番早く出社する、1番笑顔が多い、「おはようございます」の声が1番大きい……。もちろん走らせたら1番。泳がせたら1番でもかまいません。不思議なもので、社会ではどんな1番でも、その人自身のトクな話題になるのです。

いまでは全校一の「笑わせ者」というあだ名がついていたら、会社に入ったらモテモテでしょう。

私は小さい頃から眠りの短い少年でした。母親から「早く寝なさい」と、いわれなかったことをいいことに、いつも深夜まで本を読んでいました。

ところがそれが出版社に入ったら活きてきたのです。「徹夜に強い男」というのが、私についたあだ名でした。

私の同期に阿佐田哲也という男がいました。本名は色川武大《たけひろ》といって直木賞をとった作家でしたが、マージャン好きが高じて「朝だ、徹夜だ」という言葉を阿佐田哲也にして、こちらのペンネームではマージャン小説家になったのです。

私は阿佐田といつも一緒にいたからではありませんが、徹夜にバカ強いタイプでした。

これを社長が知って、徹夜に強いなら週刊誌の編集長をやらせてみよう、となったのです。

どこで何がプラスになるかわかりません。そこでわが子には、何でもかまいませんから、1番志向にさせるのです。

最近ではクイズ番組が盛んですが、漢字でも、暗記でも、トンチでも、何でもトップなら、テレビで話題になるのです。

なかには1番物をもっていない人、1番安いもので暮らしている人など、そんな1番があるのかと思うほど、さまざまな1番が出てきましたが、そういった1番に挑戦させてみましょう。

私は現在「最高齢で起業した」「米国の辞書に私がつくった造語が2つ（OL、ヤングアダルト）掲載されている」「日本で一番寝ない高齢者」など、10個の「1番」をもっています。これだけで講演に呼ばれるのですから、何がトクになるかわかりません。

逆にいうと虫でも何でも「そんなもの飼ってどうするの！」と、わが子を叱らないことです。それがお子さんを「1番」にするかもしれないのですから。

親がイヤがる趣味、嗜好でも、子どもの大きなプラスにならないともかぎりません。中学1年になったら「それ、やめなさい！」とは、絶対いわないことです。

ポイント

「やめなさい」はいわず、ニッチでもいいから、何かの分野で1番を取らせる

精神力の強い子に育てるには？

何かというと泣いて帰ってきたり、友だちのいうままになるような子では、将来が危ぶまれます。

社会に出ると、日本大学出身の社長や経営者が多いのにびっくりしますが、日本大学出身者は根性が据わっている、といわれます。少々のことには驚きませんし、裸一貫から経営者になる人が全大学の中でもっとも多い大学と聞きます。

社会に出てから何が必要かというと「精神力」です。少しくらい頭がよい人より、どんなことにもビクともしない度胸をもった人のほうが、いい仕事をするものです。

かつての大企業経営者は、学生時代、柔道部に所属している男たちが圧倒的に多かったものです。

いまでも「七帝戦」といって、昔の帝国大学だった北海道大学、東北大学、東京大学、名古屋大学、大阪大学、京都大学、九州大学の学生は、柔道をはじめレスリング、水泳、野球など、さまざまなスポーツを戦っています。

経営者になるには、ここで不倒不屈の精神を養っているわけです。ここに入るためにも、小さい頃から我慢強さ、強い精神力を備えさせなければなりません。

そのためにはまず――

（1）姿勢をよくして、目を上げる
（2）父親が腕相撲の相手をする
（3）空手の「押忍《おす》」という挨拶をいわせてみる
（4）トランプを教える
（5）精神力を養う言葉を教える

の5つが必要です。1つずつみていきましょう。

まず姿勢をよくさせて、目を下げさせないことです。人と目が合わせられない子は臆病なのです。そこでなるべく目を上げさせて、相手の顔を見つめる練習をさせましょう。これができれば、もう大丈夫、という人もいるくらいです。

次に父親は男の子だったら腕相撲をやってあげましょう。大体15～18歳で父親を負かす力をつけますが、早い子は14歳で勝つかもしれません。

3番目は「おはよう」「おやすみ」の挨拶を、空手の「押忍」という言葉にしてみましょう。空手を習わせるのは、まさにこの押忍の精神を身につけさせるチャンスでもあります。

トランプも精神力をつけさせる効果があります。私の孫には、早くからトランプだけでなく花札を教えていましたが、勝負強さと、じっと待つ精神力をつけた気がします。

最後に、言葉や古語、ことわざを教えるのも悪くありません。

「夢は逃げない。逃げるのは自分だ」

「怒りは自分に盛る毒」

「不幸は突然やってくるが、幸福は突然やってこない」

こういった易しい言葉をときどき教えてやると、勉強にもなる上に、がんばるきっかけにもなります。


こういった5つの方法で、精神の強さを養っていったらどうでしょうか。

ポイント

5つの方法で、子どもの精神を鍛える

第3章

運命は こう変化していく

宿命・運命を表すセフィロトの樹

「セフィロトの樹」という言葉を聞いたことがあるでしょうか?

旧約聖書に書かれている、エデンの園の中央に植えられた1本の樹木のことです。

英語では「Tree of Life」といいますが、神秘思想のカバラではセフィロトの樹(Sephirothic tree)と呼ばれています。

タロットカードに似たものと考えていいでしょう。

カバラとはユダヤ教の伝承ですが、日本の宗教に似ているといわれます。

10の球体により、人間の一生を解き明かしているものですが、私は長年かかって、自分なりに考えた運命の樹の図を4枚つくっています。

（1）運命の樹　宿命・運命図
（2）運命の樹　人間相関図
（3）運命の樹　引き寄せの習慣図
（4）運命の樹　運の総量図

あなたの愛しいお子さんも、これらの運命の樹の通りに、これからの一生を生きていくわけですが、問題はいかに人生選択を間違わないように親が導くか、という点です（それぞれの図については、のちに紹介していきます）。

どの子どもでも中学卒業の頃までは、親の庇護の下で育つものです。しかし世の中には中学生時代に早くも一人前と錯覚して、大人の真似をする子どもも出てきます。

これにより悪事を働くことになるわけですが、これは両親がわが子を放任していたことへの報いともいえるのです。

人間は誰でも9つの因子によって、大人に成長していきます。

次の第1図を見ればわかる通り、

〈運命の樹〉❶宿命・運命図

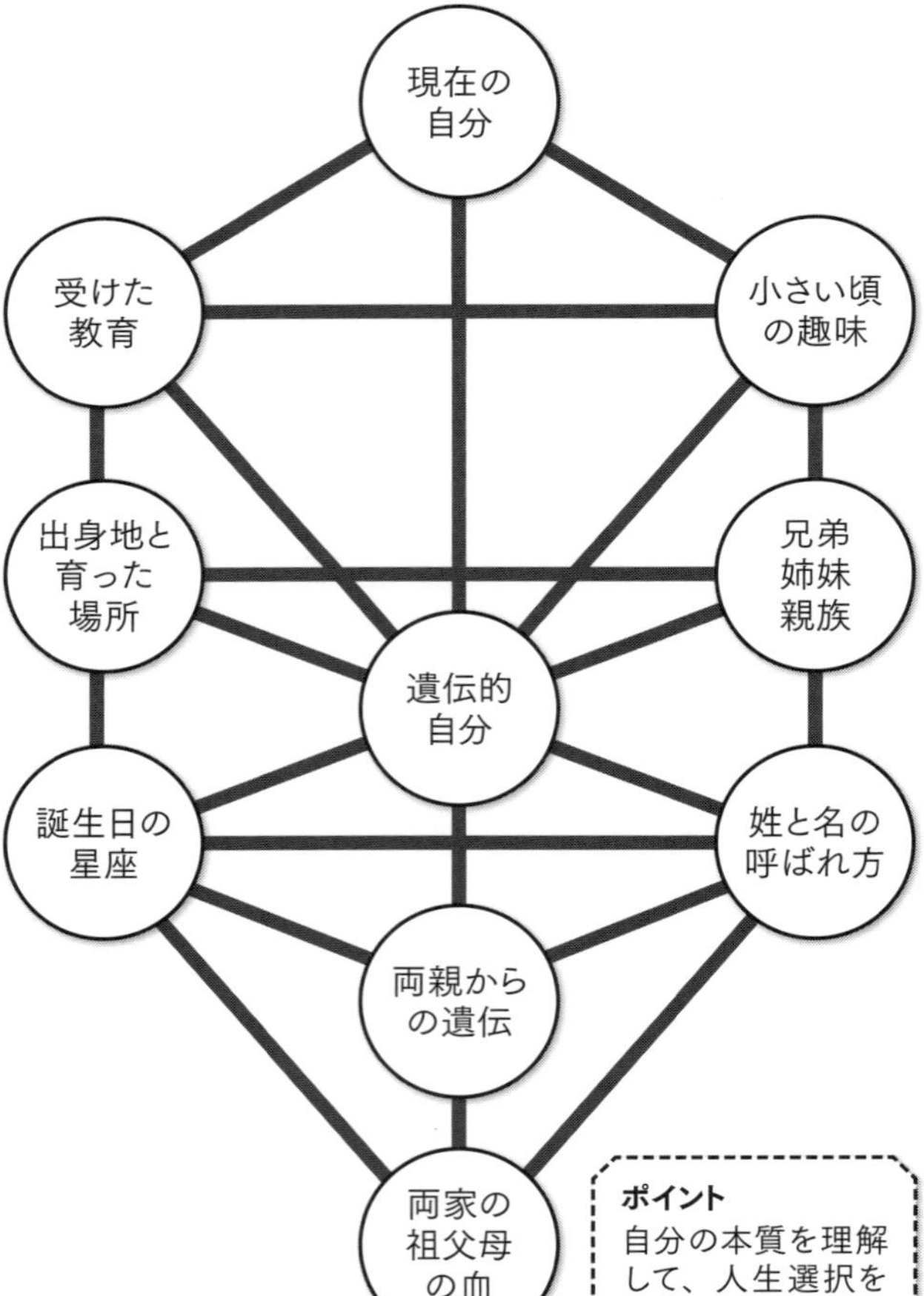
現在の自分
受けた教育
小さい頃の趣味
出身地と育った場所
兄弟姉妹親族
遺伝的自分
誕生日の星座
姓と名の呼ばれ方
両親からの遺伝
両家の祖父母の血
ポイント
自分の本質を理解して、人生選択を間違わないこの9つの因子は1人ひとり異なります。

よく同姓同名だから同じ運命を辿るのでは？　という人がいますが、これを見ればその考え方は単純というか、ナンセンスであることがわかるでしょう。

また同じ名前でも、呼ばれ方で大きく差がつくものです。わかりやすく「一郎」という名前の子が2人いたとしましょう。

1人は「一郎さん」と、母親から大人のような呼ばれ方をして、14歳まで育ったと仮定します。もう1人は「いっちゃん」「一郎」「一郎ちゃん」「いっち」と、少し甘やかした名前の呼び方で大きくなったとしましょう。

それだけで前者の一郎は大人っぽく強く育ち、後者は甘えん坊の一郎に育っていくのです。これが女の子だとしたら、大人っぽく呼ばれて育った子は、しっかりとした娘として、母親を助けるタイプに育つはずです。

それだけではありません。節子、律子といった「子」のつく娘は、しっかりタイプに育つことが多いのです。

生まれ育った土地や場所も、大きく関係してくるものです。中国に「孟母三遷《もうぼさんせん》の教え」

という故事がありますが、孟子の母親はまだ孟子が子どもの頃、教育上の問題から3回も移転したという話が残っています。

どんな子でも、小さいときは環境に毒されるもので、それだけ、どの母親も心配することでしょう。

まずは、この宿命・運命図をじっくり見て、わが子がどう育っていくかを学んでください。**ここで念のためにいうと、宿命とは祖父、祖母、父母からの受け継いだ魂で、運命は自分で切り拓いていく未来型の魂です。**

よく親がわが子を叱っているのを見ますが、考えてみると、その態度やクセは、自分たちから子に伝わったものかもしれません。

わが子を叱る前に、自分たちの態度を改めることが先決なのです。

ポイント

宿命・運命図から、わが子を読み解く

両親はわが子の運命も知っておく

あなたのお子さんはどういう名前でしょうか？　近頃はキラキラネームがふえていますが、そういう名前はどういう運命を歩むのでしょうか？

あるいはまた洋、宏、浩、広、弘、博、裕、寛……同じ「ひろし」でも漢字の意味によって、異なる道、運命を辿ることになります。ではどうなっていくのか？

これは一例ですが、わが子の運命は、その名前をつけた瞬間から全部とはいいませんが、一部は確実に、その名の通りの運命を歩くことになるのです。

大分前になりますが、わが子に「悪魔」とつけた親がいました。さすがに数年後に改名届を出しましたが、恐らく名前の怖さを知ったのでしょう。

私たちは子どもの将来を、ある程度子どもに任せています。中学までは親が決めても、早い家では高校から、多くの親は大学進学から子の希望を聞くようですが、ここで重要なのは、その子が生まれたときから身につけている遺伝子です。

手相を観てもらった人は知っているでしょうが、手のひらには、先天性の線と後天的な線があります。いわゆる利き手（多くは右手）は後天的で、自分がつくる線、自分で開拓する運命だ、といわれたことがありませんか？

これと同じように、才能も祖父母、父母から伝わったものと、自分にしかないものがあり、兄弟姉妹でまったく異なる性格と才能も表れてきます。

私の兄は「隆道、保、正幸」という名前の通り、正しい道を真っすぐ歩き、それほど外側に発展しない地味なタイプでした。ところが一番上の「実」と末っ子の「秀勲」という名の私は、その名に似て、派手な性格を表しています。まさにその名の通り、長兄と私はにぎやかな人生でした。

父母はその名の通りに子どもたちを育てたので、全員がトラブルなく一生を送りましたが、特に父は姓名判断を非常に重視したようです。

じつをいうと長兄と私は非常に早熟でした。私は14歳で、すでに将来は「女性雑誌をつくりたい」と漠然と思っていました。文学少年だったのです。

秀でた勲功を文学方面で樹《た》てたい、と思ったのです。

あなたのお子さんは、どの方面に進みたいと思っているでしょうか？

もちろんじっくりと人生を渡るタイプの子もいますから、いちがいに14歳で決めているとはかぎらないでしょうが、男の子でいえば早熟で優秀なタイプほどＩＴエンジニア・プログラマー、ゲームクリエイター、ものづくりエンジニアなど、的確な職種を選んでいます。

その点、女の子は定番の看護師、お花屋さん、お菓子屋さんといった職業の人気が崩れてきているので、迷いが多いようです。

そんな状況も考えつつ、わが子の名前やそれ以外の運命を加えて、話し合うほうがいいでしょう。14歳という、人生を決める大事な年代だけに、両親は運命に関する知識も勉強しておくほうがいいでしょう。

ポイント

名前の付け方で、運命は分かれる

運命は、決まった法則の通りに動いていく

運命には法則があります。

第1の法則は「季節のように、夏が来れば冬が来る」というものです。

いいことばかりはつづきませんし、悪いこともまた同じです。

10歳を過ぎると、子どもはこのことを知るものです。

順番、順繰りという言葉があるように、子どもが2人いたら、1人だけを可愛がるわけにはいきません。ときにどちらかが優秀だと、そちらの子を可愛がる親もいますが、そうなるときょうだいの仲が悪くなります。親は「けんかをしないように」というかもしれませんが、その素はじつは親がつくっているのです。

「順番」と一口にいいますが、これは天がつくった季節、雲などの運行を指すものです。

これはまたビジネスで「いいこと（悪いこと）ばかりはつづかない」という格言で使われています。


第2の法則は「扉を叩かないと、誰も気づいてくれない」という法則です。

現代でいえばベル、インターフォンのことですが、これを押さなければ内部で気がついてくれません。マタイ福音書には「叩けよ、さらば開かれん」という言葉がありますが、これはただ何もしないでいては、何も起こらない。叩くという行動、動作があってこそ、成果が得られるのだ、という教えでしょう。


朝起きてきたわが子が黙ってテーブルに座っても、朝ご飯を出してはいけません。

子どもが「お母さん、ご飯！」ということで、初めて食事をさせる習慣にしておくと、一事が万事で、自分から行動するようになるでしょう。

甘やかせたら一人前の大人にはなれません。

それこそ中学に入って、大人になる門をくぐるのです。

このとき小学生のときと同じように扱ったら、大人になるチャンスを逃します。中学生は小学生のときと異なり、大人として扱うことが大切です。

第3の法則は「人に与えた幸運は、必ず自分に戻ってくる」です。

ビジネスにおける交換、あるいは金銭の回転を意味します。

「小さな親切運動」という社会運動があります。

大きな親切は、誰にでもできるわけではありません。

しかし小さな親切なら、子どもでもできます。

東日本大震災により、福島県が壊滅的打撃を受けたとき、台湾から多くの義援金をいただきました。その後、今度は台湾を大地震が襲いました。

このとき今度は日本からお返しとして、大きな金額が「ありがとう、台湾」のテレビCMと共に送られました。

まさにこの法則通りのことが起こったのです。

これに参加した子どもたちは、一生この法則を忘れないでしょう。

郵便はがき

162-0816

恐れ入ります
切手を
お貼りください

東京都新宿区白銀町1番13号

きずな出版 編集部 行

フリガナ

お名前　　男性／女性　未婚／既婚

(〒　-　)

ご住所

ご職業

年齢　10代　20代　30代　40代　50代　60代　70代〜

E-mail

※きずな出版からのお知らせをご希望の方は是非ご記入ください。

愛読者カード

ご購読ありがとうございます。今後の出版企画の参考とさせていただきますので、アンケートにご協力をお願いいたします（きずな出版サイトでも受付中です）。

[1] ご購入いただいた本のタイトル

[2] この本をどこでお知りになりましたか？
1. 書店の店頭　2. 紹介記事（媒体名：　）
3. 広告（新聞／雑誌／インターネット：媒体名　）
4. 友人・知人からの勧め　5.その他（　）

[3] どちらの書店でお買い求めいただきましたか？

[4] ご購入いただいた動機をお聞かせください。
1. 著者が好きだから　2. タイトルに惹かれたから
3. 装丁がよかったから　4. 興味のある内容だから
5. 友人・知人に勧められたから
6. 広告を見て気になったから
（新聞／雑誌／インターネット：媒体名　）

[5] 最近、読んでおもしろかった本をお聞かせください。

[6] 今後、読んでみたい本の著者やテーマがあればお聞かせください。

[7] 本書をお読みになったご意見、ご感想をお聞かせください。
（お寄せいただいたご感想は、新聞広告や紹介記事等で使わせていただく場合がございます）

ご協力ありがとうございました。

きずな出版　URL http://www.kizuna-pub.jp　E-mail 39@kizuna-pub.jp

自利利他の精神とは、ビジネスの基本です。こちらばかり利益を得たら、関係会社はみんな離れていってしまうでしょう。

おまんじゅうが1個しかなかったら、半分ずつ分ける、という精神を子どもに植えつければ、すばらしい大人になると思います。

第4の法則は「生き方の選択は両親の遺伝に従って吉」というものです。

これはつまり、子どもの運命の大半は親がもっているということです。

自分にないものを望む両親がいても、それはなかなかむずかしいものです。かりに自分が勉強嫌いだったのに、わが子をきびしく塾に追い立てることはむずかしいでしょう。

できれば両親の遺伝に従わせるのがプラスだと思います。ただし親の能力が遺伝する場合、100パーセント子に伝わるとはかぎりません。ここが微妙なところで、親の才能が飛び抜けて優れているときは、子にはそのうちの50～70％ほどしか遺伝しないといわれます。

スポーツ選手でも学者でも経営者でも、わが子をその道に進ませるのは吉ですが、むしろ同じ道ではない方向に歩かせたほうが、子ども自身の才能も加わるのでベターです。

くわしくいうと、親の才能は伝わるのですが、性格、性質は子ども自身のものであり、そこに両親の育て方も加わります。そうなると１００パーセントは伝わらないものです。一般論でいうと、成功した親の男の子は優しく、甘く、女の子は精神的に強くというか、きつく成長するのがふつうです。そんな目でわが子を見てみましょう。

第5の法則は「4のうち1はチャンスをモノにできる」というものです。

4回に1回、4年に1年、4人に1人は成功する、というものです。

江戸時代以降、ほぼ40歳が平均寿命でした。その中の10年間は、どんな人でもラクな時間、楽しい生活ができる、と考えられたようです。実際、私たちは誰でも最低40年間は働きますが、そのうちの10年間は、ラクをするかそれに近い安心感をもてる時期になるものです。

わが子の受験でも4校受験すれば、1校は合格のチャンスはあるものです。そう考えれば、あまり勉強ばかり強制しないほうが、いいのかもしれません。

14歳に近くなると、こういった実話を話すと興味を抱くかもしれません。

簡単な例ではジャンケンがあります。親と子がジャンケンをしたとき、どちらも4回つづけて負けることは、めったにありません。これで成功の確率を教えていく方法もあります。反対にいえば「4回までは待つ」という親の姿勢が必要になります。3回つづけて失敗しても、4回目も失敗するとはかぎりません。いいかえれば、チャンスが来るのを待つ姿勢を教えることも大事ということです。

心の持ち方といえば、大事に飲んでいた飲みものが、瓶の半分まで減ったとき、

「ああ、もうこんなに少なくなっちゃった」

と考えるか、

「まだこれだけ残っている」

と考えるかで、大きく気分が変わってしまいます。

このように、わが子を暗い気分にさせないことも、運命には大切です。

ポイント

運命の法則に従う

占いやスピリチュアルは悪くない

西洋占星術は12星座に分けられていることを、女性なら誰でも知っています。しかし男性はあまり知りません。男性は占いをイヤがる傾向が強いからです。

なぜかというと「あなたは獅子座だから優秀な性格だし、だから出世する」と、努力ではなく、「その星座だから出世した」といわんばかりに決められてしまうのがイヤなのです。極端な場合、星座の相性が悪かったから離婚したともいわれたり、すべて星座がよかった（悪かった）ことが最大の理由にされるのが嫌いなのです。

これに対して女性は、神や天の力を借りてでも、少しでもよい人生を送りたいと思うタイプです。

女性には占いの中のよい部分、自分に合っている部分だけ取り出す、という器用なタイプもいるくらいで、これがスピリチュアルや新宗教にのめり込む理由でもあります。

しかしどんな男性でも、運を信じないわけにはいきません。

社会に出てから運がいい人、運が悪い人が必ずいることを思い知らされるからです。

私にいわせれば、

「運命を笑う者は運命に泣き、運命を信じる者は運命を開く」

ことになるのです。知っておいてソンなことは何もありません。

かりに西洋占星術のことを知ろうともしないし、それをバカにしていたとすると、その父親の子どもは、何事も自分から知ろうとしない性格に育ちます。

「そんなことを知って、何のトクになるのだ！　バカバカしい！」

という言葉を、母親に向かって父親がいったとします。そのときわが子が5～6歳だったとしたら、同じことをいう大人に育つでしょう。

特に男の子は父親のいうことを大事にしますから、同調する人間に育つのです。

ここが運命の怖さです。

父親でも母親でも喫煙をしていたら、その煙を家庭で喫《す》っている子は、将来がんになる危険性があります。これはすでに医学上定説になっています。しかし両親がそれを知って喫っているのですから、子どもも堂々と中学時代から喫うことになります。

怒声、下品な言葉、暴力なども同じです。父親が母親に暴力を振るっていれば、その子は家庭の内でも外でも、暴力を振るう子に育つことでしょう。

これはエビデンスもあり、証明されていることです。

西洋占星術は何千年の歴史の中で、証明された言葉だけが残ってきた、使われてきた、といってもいいでしょう。占星術にかぎらず、他の占術でも似ています。

精神世界の言葉は医師の言葉とよく似ています。なぜなら医学は占術から来ているからです。言葉で癒すことで、人類は生き抜いてきたのです。

自分の運命と子の運命は、それほど近いだけに、まず親は自分の運命をよくしましょう。自分の幸せがあって、初めて子の幸せがあるのです。

ポイント

占いとスピリチュアルも知っておくべき

星座ごとの性格を知っておく

12星座の基本性格を見てみましょう。

一般によく知られている牡牛座、双子座などの12星座は、生まれたときに太陽が黄道12宮のどこにいたかで決まる「**太陽星座**」です。これによって性格を読み取るもので、社会的な自分を読み取るときに用います。

それに対し、惑星の中で、もっともゆっくり地球を回っているのは月です。

この月が生まれたとき、12宮のどこにいたかで占うのが「**月星座**」です。約29日で地球を一周しますが、この月は夜のものだけに私たちのプライベートな心の中に入り込みます。

そのため、自分自身を知るときに、社会で生きる自分を知るには太陽星座、プライベートな時間と生活、あるいは感情や精神状態を観るには、月星座を用いるとよくわかります。

もしわが子の社会性を知りたいときは太陽星座、わが子のプライベートな性格を深く知りたいと思うなら、月星座を調べてみましょう。

では両星座の特徴を書き出してみましょう。

〈太陽星座の基本性格〉

牡羊座：積極的で純粋。情熱的。闘争本能が強い。チャレンジ精神が旺盛

牡牛座：欲望に正直。所有欲が強い。頑固。現実的で安全第一。変化を好まない

双子座：好奇心が強い。多くの知識を吸収し行動する。器用貧乏。二面性

蟹　座：母性本能が強い。同情心や仲間意識が強い。感情の浮き沈みが激しい

獅子座：親分肌で面倒見がいい。豊かな表現力。創造性がある。誇り高い

乙女座：緻密な分析力。几帳面。清潔好き。批判精神が旺盛。働き者

天秤座：社交的。人づき合いが上手。バランス感覚にすぐれている

蠍　座：疑い深くて慎重。ものごとを深く考える。やるかやらないか極端

射手座：自由奔放《ほんぽう》。単刀直入。興味は広く、深く追究する。大ざっぱ。無愛想

山羊座：不屈の忍耐力。指導力がある。地味な努力家。臆病。ムダがない
水瓶座：自由で独創的。変わり者。博愛。中性的。発見が得意
魚　座：自己犠牲的。豊かなインスピレーション。優しい。ムードに流されやすい

〈月星座の基本性格〉

牡羊座：目標に向かって積極的。恋愛ではいきすぎ。不倫も平気な一面も
牡牛座：温厚で穏やか。感受性豊か。納得のいかないことには頑固
双子座：好奇心が強い。マスコミ、言葉関係に向く。気まぐれ。二面性
蟹　座：愛情深く、世話好き。感情の浮き沈みが激しい。仲間意識が強い
獅子座：明るく陽気で創造力豊か。親分肌で誇り高い。小さいことにこだわらない
乙女座：繊細で清潔好き。分析力が高く、几帳面。他社への批判心も強い
天秤座：調和を大切にし、品格を重んじる。対人関係ではバランス感覚抜群
蠍　座：隠し事や秘密が得意。執着心や嫉妬心が強い。表面はおとなしい
射手座：精神的な成長や探究心が強い。出世欲がある。移り気であきっぽい

山羊座：管理能力がある。出世欲もあり、忍耐力も。堅実で計算応力もある
水瓶座：独創的で楽天家。多くの人やグループとのつながりもできる
魚　座：感受性が豊かで優しい。涙もろい。自己犠牲的な愛情の持ち主

『12星座男子の取扱説明書シリーズ』（きずな出版）より

このように、星座でわかる基本性格を知ると、相当程度わかります。ただ、まだ大人になっていないだけに、これらの性格が出てきていない子どももいるでしょう。本人にわざわざいう必要はありませんが、親はこの性質をしっかり知っておくと、わが子の本心を見抜くこともできるでしょう。

ちなみに「月星座」をどう調べればいいのか、ということですが、いまはインターネットで「月星座」「月星座　調べる」と入力すると、無料で調べられるサイトがたくさん出てきますので、ぜひ調べてみてください。

ポイント

太陽星座と月星座から、わが子の内面を探ろう

わが子の「個体運」は無視できない

ナポレオンは非常に興味深いことを言い残しています。

「長い腕を持つ者が、ご馳走を取る」というのです。

子どもより大人のほうが腕は長いので、ご馳走を取れるでしょう。その大人もバスケットボール選手がいると、全部のご馳走を食べられてしまうかもしれません。

つまりこれは1人ひとりがもっている個体運というもので、背の高い人はスポーツが得意だとしたら、背の低い人はスポーツには不向きなのです。

この個体運を無視している親が、意外にも非常に多いのです。

たとえば、体質的にみると、①筋骨体質、②肥満体質、③頭脳体質という3つに分かれますが、この体質を無視するわけにはいかないのです。

肥満体質の子をスポーツに進ませたいとすれば相撲かプロレスでしょう。筋骨体質であれば学者の道より、スポーツか体を使う会社員に進ませたほうが有利なはずです。頭脳体質の子であれば、体を使うビジネスより、頭を使う方面に向かわせるのが最適でしょう。

☆人づき合いの好き嫌い
☆声の出し方の大小
☆踊り、ダンス、身のこなしの上手下手
☆意志力の強さと弱さ
☆笑顔が素直に出るか出ないか

これらは子どものうちに、いつの間にかついてしまうクセのようなもので、大人になってからでは直せません。10歳を過ぎたら、誰が見てもこの体質や性格、クセはわかります。一種の個体運となって、１人ひとりの身についているのです。

親はこれらの個体運を見ることで、この子の進路を考えてやらなくてはなりません。

「幸福には手が運動し、哀愁には手が静止する」という言葉が、手の科学論に出ていますが、これは手を動かす人ほど幸せになれる確率が高い、ということです。

手をほとんど動かさない人は、顔にも哀愁が表れるもので、どちらかというと、一生を通じてそんな人生を送るというのです。それがわかっていれば、親はわが子を、あまり部屋の中に閉じ込めておかないほうがいいでしょう。

個体運というものは、1人ひとり違うもので、かりにわが子が3人いたら、1人として同じことはありません。

自分で自分自身の個体運を、しっかりわかっている子どもは自分の進路を間違えませんが、あまりわかっていない子どもは、親のいう通りの道を進んでしまうものです。

それが正しい進路であれば、問題ありませんが、たとえば肥満体質で、テレビや出版などのマスコミや建設、建築方面に進んだら、多分やめざるを得なくなることでしょう。動きが鈍いと仕事にならないからです。

それこそ14歳の段階で、ある程度進む方向性はほぼ個体運で決まっているはずです。

ポイント

14歳時点の「個体運」で、進むべき道はある程度見える

横顔からわかる性格で読みとく

わが子の顔をじっくり観察することも大切です。

あなたの子どもの横顔は、次ページの図の5つの顔のどれか、わかるでしょうか？

1度じっくりわが子の横顔を観察してみましょう。

次のこの5つの顔の中のどれか？　あるいはどれに近いか？

それによってわが子の性格がぴたりとわかります。

凸顔は攻撃的、平面顔は穏健、凹顔は防御的と判断できます。

女性で考えれば凸顔は気の強いタイプ。平面顔は穏便タイプ、凹顔は気の弱いタイプと判断できます。

横顔で性格を読み取ろう

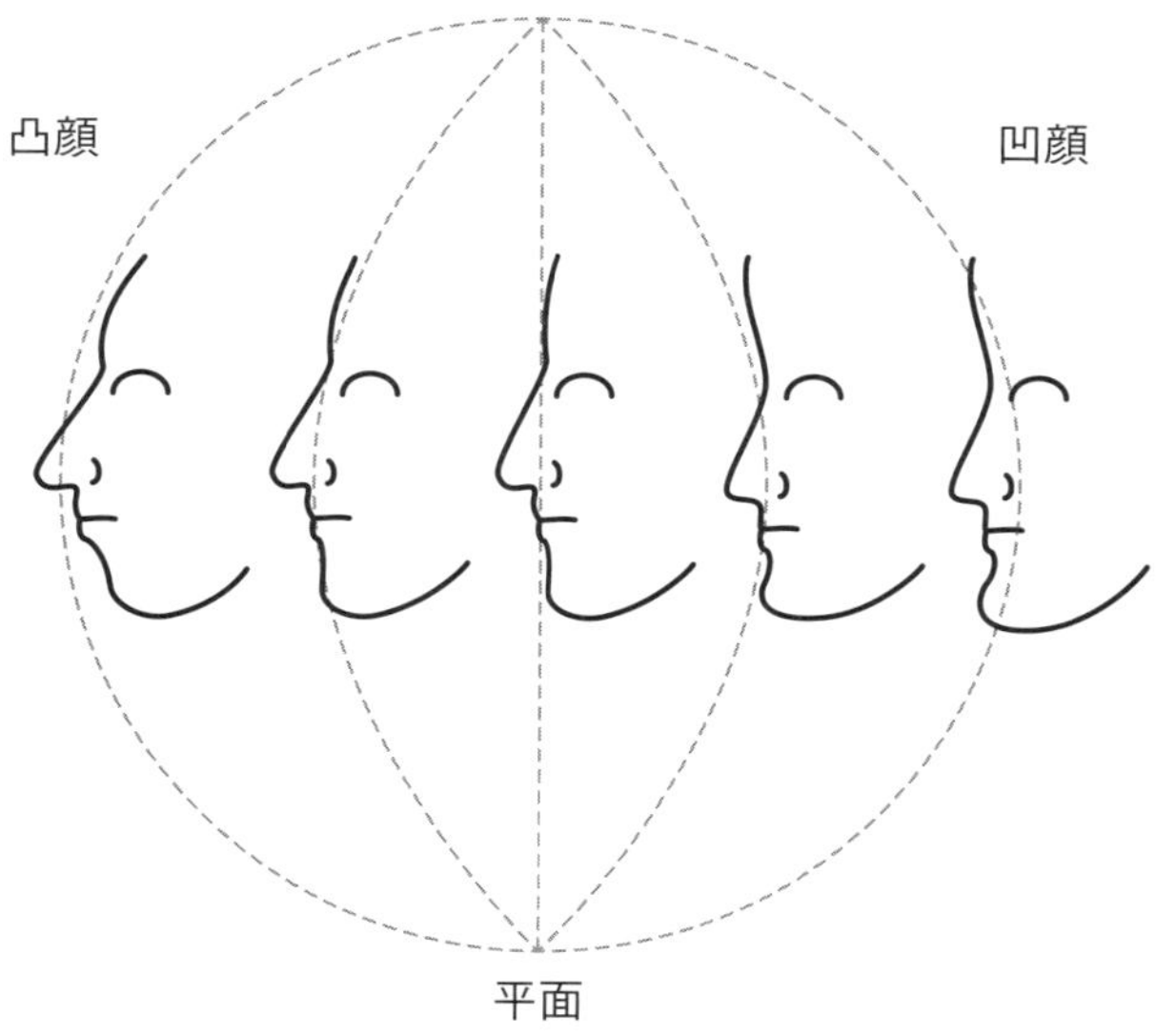

もう少し別の角度でいうと、凸顔は親のいうことをほとんど聞きません。平面顔はなるべく親のいうことを聞こうとしますが、常識的に判断するでしょう。凹顔は自分の意思がなく、何でも親のいいなりになりそうです。

あるいは人生行路で考えると、凸顔は「我が道を往く」タイプで、危険であっても進んで行くでしょう。戦いも恐れません。

平面顔は冒険しない性格で、かりに入社したら、一生その会社で終わりたい、あるいはその商店で一生働いていたい、というタイプです。ただし、自分の意思に反した場合は、その限りではありません。おとなしいと思っていたのに、完全に旗を翻《ひるがえ》す場合もあるところが、この顔の特徴です。なぜかというと、平面顔といっても、凸顔に近い人と、凹顔に近い人がいるからです。完全に平面顔という人は、めったにいないものです。

凹顔は目立たない人生で満足ですが、このタイプの中には、人を頼るタイプが少なくありません。自分ではできないことを、他人に頼るのです。

別のいい方をすると、子分タイプ、部下タイプで、強い上司について、甘い汁を吸おうという小ずるいところもあります。

この横顔を観るとき、もう一点、耳の位置を観察してみましょう。

わかりやすい例として、頭の禿げたおじさんを探して、耳の位置を観ると、後ろの方についている人と前の方についている人、あるいは真ん中あたりについている人の3種類がいるはずです。

目から遠く、後ろについている人は、怒りやすいタイプで、自己主張がはげしいでしょう。

逆に目から耳までが近い人は、優しいタイプで、人に好かれます。

中間あたりは常識的な人ですが、耳の位置は一生を通じて動きませんので、子どもが何歳でもわかるでしょう。

一度、わが子の耳の位置をじっくり観ることで、将来の性格を見抜いてみてはどうでしょうか？　親なら誰でも読みとれます。

ポイント

わが子の顔の形と耳の位置を観察しよう

7つの手の型から、子どもの将来をさぐる

手相という占いの観方があります。ほとんどの人は、手の平のスジを読む占いだと思っています。しかしそれだと、生まれたばかりの幼児の運命はわかりません。

幼児ならまだ、いろいろな線やスジが出ていないからです。この線はあとから出てきたり、消えたりするので、大人にならないと正確にはわかりません。

生命線も「あなたは気を付けたほうがいい」と易者にいわれた人もいるかもしれませんが、私は70代になってから伸びています。

つまりはこの年齢に来て初めて、自分は長生きする、と自信がもてたのです。

このように線やスジだけを観るのではなく、手の形を大ざっぱに見るのです。

くわしくいうと、

（1）尖頭型：指先が細い華奢な手
（2）円錐型：尖頭型でやや丸みを帯びた手
（3）結節型：指の節がゴツゴツとして太い
（4）四角型：指の先まで角ばっている
（5）へら型：指頭から横に広がって、へらの形
（6）原始型：全体にぶ厚く、手の平と指が短い
（7）混合型：2種類以上の型が混じっている

この7種類にわかれますが、子どもでも14歳になると、この型がほとんどわかります。それによって、わが子の性格と特徴を判断するのです。かりに親がわが子を音楽家にしたいと思っても、四角型や原始型だったら、むずかしいでしょう。

ではそれぞれ、どういう特徴があるのでしょうか？

（1）尖頭型の性格

女性っぽいタイプで、ほっそりして、白い色をしています。芸術方面に適しています。

(2) 円錐型の性格

丸みを帯びた優美な手だけに、これも芸術的センスがあります。明るく社交的でもありますので、家の中に閉じこもる職業や仕事はソンです。

(3) 結節型の性格

どの指も筋だけ太いので、すき間ができます。そこからお金がこぼれるといわれ、経済面や金儲けには向いていません。物質性より精神方向に伸びる傾向があります。

(4) 四角型の性格

がっしりと生活を築くタイプですので、親はあまり心配しなくていいでしょう。実務的なので、むしろ親がタジタジです。

(5) へら型の性格

指先が横に向かって広がって、へらの形に似ています。四角型は指先も角ばっていてよく働きますが、真面目一方です。それに対し、このへら型は柔軟なので、人を使う立場に立つでしょう。親より出世する可能性があります。

(6) 原始型の性格

黙々と堅実に働くタイプで、力仕事が得意。体が頑丈ですが、ふるまいが粗野で、暴力を振るう可能性もあるだけに、注意して育てること。

(7) 混合型の性格

これまでの6つの型のどれかと混合している手で、それぞれの特徴や性格をもっています。器用なので無難に社会を渡っていくことでしょう。

ポイント

手の形からも、何に向いているかある程度わかる

カンの鋭い子に育てるには

わが子を大物に育てていく方法の1つとして「直観力を強くする」訓練をしてみてはどうでしょうか？

会社に入った新人たちで、最初にふるい落とされるのが、ぐずぐずして自分で即座に決められないタイプです。**頭のよい新人ほど、慎重すぎる傾向にあります。**

「昼飯、何がいい？」と上司にいわれても「えーと、何がいいかな。いや私は何でもいいです」と答えることになるのです。

それでは、即座に「使いものにならない」と思われても仕方ありません。

じつは、これは家庭教育とつながっています。両親が何を決めるにしても、時間がかかるのです。それを見ているその子も優柔不断になってしまうでしょう。

そこで中学に入ったら、10秒間決断訓練を実行していくといいでしょう。

電車に乗ったら、どの席が早く空くか、親子で判断してみるのです。ちなみに不思議なことに、端の席の隣が空く確率が高いといわれています。

10円玉の裏表を当てる遊びをしてもいいでしょう。こうしていくと、中学2年から「確率」の勉強が始まるので、数学好きになることもあるでしょう。

将来、将棋やマージャン、競馬など、大人の遊びをしなくてはならなくなったとき、勝負事の強い人、カンの鋭い人ほど、注目されるようになるのです。

カンは人生の有力な武器です。

あるプロ野球の監督と話しているとき「ピンチヒッターには、カンの鋭い選手を起用する」という話を聞いたことがあります。今度のボールは直球か変化球か？　あるいは速球か緩い球か？　これを判断できれば、アウトになる確率が少なく、ピンチヒッターの役目を果たせるからです。

イチローの目は動体視力が特に発達しているといわれます。

恐らく子どものころから、動いているものを見て、どういう模様だったか、どんな色だったかなど、自分で訓練していたのでしょう。それもカンを鋭くする訓練です。

カンの鋭い動物は、すべて耳が上のほうにあり、ときに耳をたてて、遠くの物音を聴く姿勢を取ります。人間でも直観力の鋭い人は、耳が他人より少し上にあります。

これからの社会は、有名大企業に入ったから安全、というわけにはいきません。超優良企業と思われていた銀行でさえ、社員が要らなくなってきたのです。

ＡＩが発達したことで、窓口業務が少なくなるようですが、これは他の企業でも同じことでしょう。こうなると、カンの鋭い人間でないと将来が見通せません。

それほどいまの社会は、変化のスピードが速いのです。これからもっとも大切なのは、カンの鋭さであり、確率の計算のできる人だといわれています。

ぜひとも、カンの鋭さを養う親であってほしいのです。

ポイント

カンは訓練で育てよう

つき合っていく人を間違えない

子どもが中学に行くようになったら、初期の友だちがどういう種類の人なのか知っておく必要もあります。

私の息子の例でいえば、中学の体育会に入った頃、なるべく友人を家に遊びに来させて、母親が友人の食事の用意もしてやるようにしていました。こうしていると、友人の性格もほぼわかります。この友人がしっかりしていれば、何の心配もありません。

家に連れてこない友だち、あるいは連れてこられない友だちがいるようなら、危険信号です。さらに、友だちと遊びに行くといって、どこに行ったのかわからないようなわが子では、相当危険区域に入っていると思わなければなりません。

14歳前後はまだ親の監視が効く時期です。15歳を超えたらもう手遅れです。

人間はだれでも人と関わりをもって、大人になっていくのです。**一番大事なことは、有益な人脈を築くことです。**

そこに至る人間相関図を見ると——

〈運命の樹〉❷人間相関図

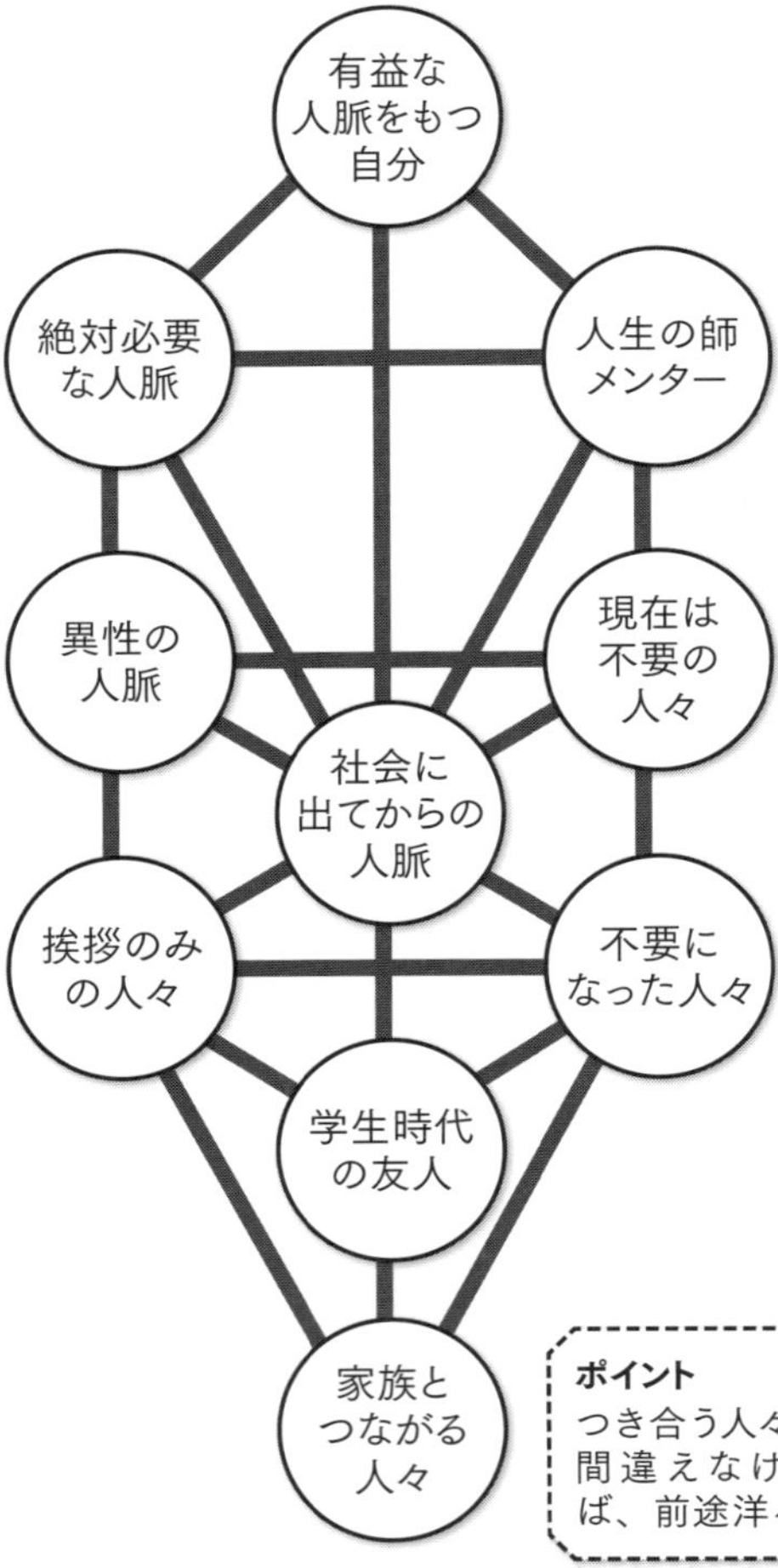

ポイント
つき合う人々を間違えなければ、前途洋々

これらの種類の人々が目の前に現れ、消えていきます。

そしてこの9種類の人々を色分けすれば、金色で塗ってもいい人は「人生の師、メンター」と「絶対必要な人脈」でしょう。

つづいて異性の人脈、現在は不要の人々については、ときどき点検する必要があります。グレーゾーンの人々かもしれません。

この人間相関図の中でもっとも重要なところは、社会に出てからの人脈です。ここに人生の宝箱といえる人々が、ぎっしり詰まっているからです。

社会に出て、いつまでも学生時代の友人とつながっているようでは、将来性はそれほど大きくないでしょう。一旦は切れないと、独り立ちできません。

つまり小学校、中学校、高等学校と進むにつれ「蛍の光」ではありませんが「明けてぞ今朝はわかれゆく」とならなければ、親しい友人、すばらしい友人ができません。

それは池の中の蛟竜《みずち》が、空に昇っていって竜になる姿によく似ています。小さな地域の学校の友だちから、大都市、あるいは世界の大国の友人たちと知り合っていく姿に似ています。

あなたのお子さんには、それだけの能力があるのです。友人と一旦別れることにより、一段と重い人脈ができていくわけですが、このことは中学生の本人にはわかりません。

そこで大人が子どもたちに、大きな夢を抱かせることが必要になります。

私の友人は夏休みになると、地方で全国から集まった子どもたちと、夏期現地講習会を開いていました。わが家の息子と娘も、小学生から中学生時代に毎年、東北会津地方で10日間ほど訓練を受けていましたが、そこで各地から集まった同年代の子どもたちと、交流を深めることができました。子どもにしてみれば、初めて異なる地方の少年少女と知り合うことになり、新しい目が見開かれることになるのです。

友だちの大切さを教えると、たったそれだけで、子どもの心は広くはばたくものが生まれるものです。もしお子さんとこの人間相関図を見ながら、いろいろ話が広がるようなら、あなたのお子さんの前途は洋々としたものになることでしょう。

ポイント

子どもの人間相関図をつくってみよう

運の総量をふやせる子にする

誰でも「持ち運」というものがあります。ご先祖からいただいた運、両親から継いだ運もあります。この運を財産に置き換えるとわかりやすいでしょう。

あるいは親、親族が医師、政治家、財閥といった強運の持ち主もいます。反対にそれらの運をもっていない人も大勢います。ほとんどの人がそうではないでしょうか？

「成功する」という言葉がありますが、その意味は、先祖や親からいただいた運の総量を大きくふやすということです。

何ももっていない私たち庶民であれば、少しでもふやせば成功者になりますが、親が資産家であったり、有名人であれば、少しぐらいふやしても成功者の部類に入れません。

名もなく財産もない一般人であれば、目標を小さくしても、それを乗り越えればいいのですから、わりと楽かもしれません。

つまり、子をもつ親は、高望みをしてはいけないということです。

もちろん歴史をひもとくと、英雄、偉人、才女、賢婦が大勢出てきますが、それらはめったに出ないからこそヒーロー、ヒロインなのです。

簡単な例でいえば、父親が中小企業の課長止まりであれば、その子が部長まで出世したら、成功と思うべきです。かりに社長になったら、すごい大出世、すごい総運量になったと、親は大喜びしなくてはなりません。ところが自分のことは棚にあげて、子どもの尻をひっぱたいて「もっと出世しろ！」というのは、ルール違反というべきです。

私の父親は45歳で亡くなりました。小さな町工場の経営者でしたが、死後は食うや食わずの生活でした。7人の子を残された母親の苦労は、大変なものだったでしょう。

つまり私の持ち運は、所有財産はまったくのゼロだったのです。

だから、31歳で当時の大雑誌『女性自身』の編集長になって、テレビに出た時、母は近所中の人を集めて、私の出演姿を一緒に見て、深々と皆さんにお礼を述べたといいます。

母はもうこれで、胸を張って墓の下で待つ「お父さんのところに行ける」といったそうですが、私の母親にとっては櫻井家のゼロの総運量を、末っ子が相当ふやしてくれたと思ったのかもしれません。運をふやすといっても、自分だけの力とは限りません。

〈運命の樹〉❸運の総量図

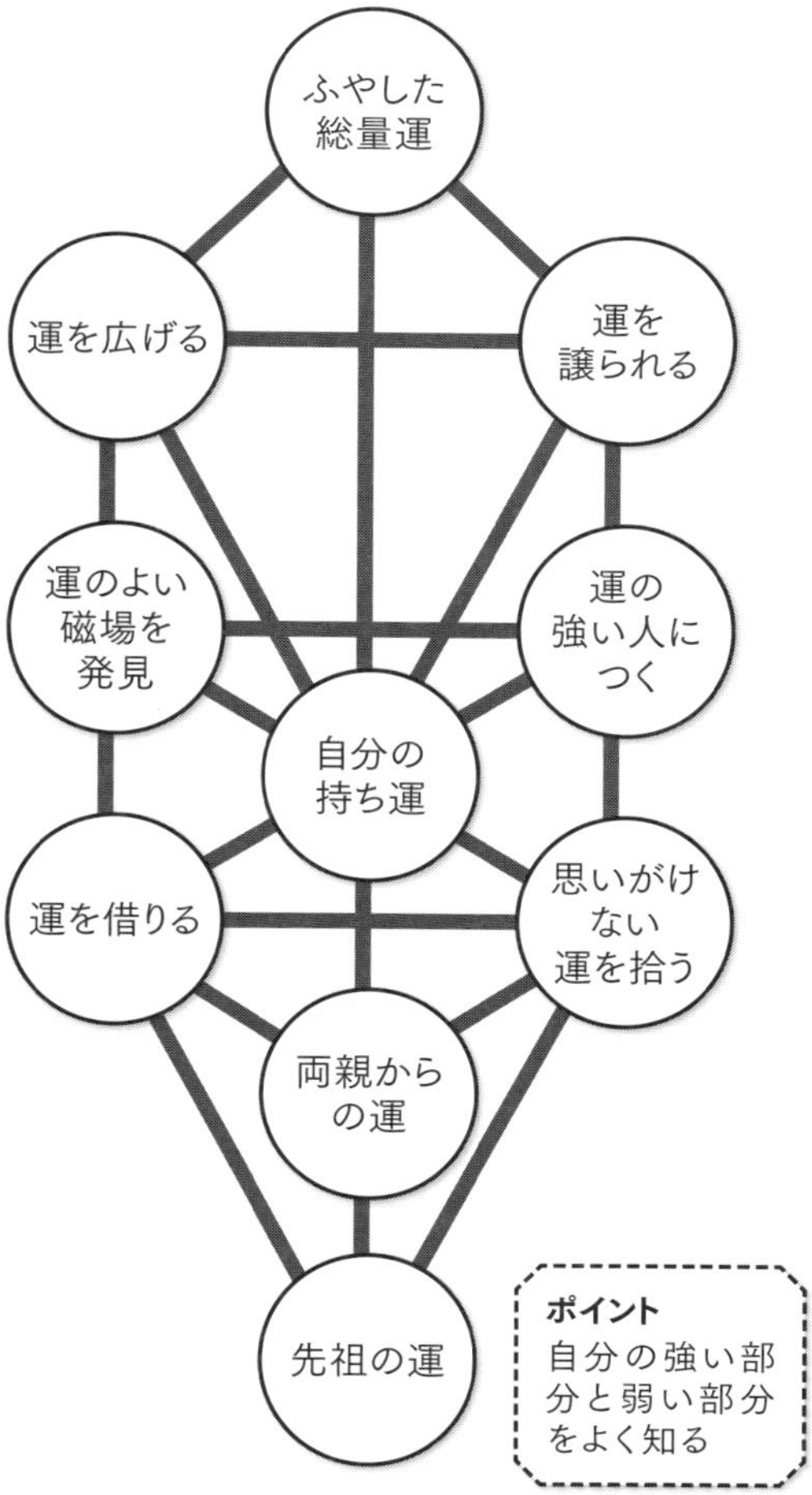

この運の総量のふやし方の図を見ると、自分の力はわずかです。

運命は借りたり拾ったりはできませんが、運はそれができるだけでなく、強運の人と組んでふやしていくこともできますし、運を譲られることも珍しいことではありません。

運と金を置き換えると、投資に強い人につけば、財産をふやしていくことができることがわかります。

それこそ銀行からお金を借りて、家を建てたり、アパート投資もできるでしょう。

しかしここで運のよしあしになりますが、それこそ、あっという間に全財産を失ってしまう人もいます。

ポイント

運は人から借りたりもらったりして、ふやしていく

第4章

わが子が将来伸びていくには？

子どもの趣味は何ですか？

金沢市の小学3年生、加藤修至君が、沖縄県・八重山諸島の黒島でカマキリの希少種「ウスバカマキリ」を見つけました。２０１７年に家族で旅行したとき、道端に珍しいカマキリがいるのを気づいたといいます。

このカマキリは絶滅危惧種だというので、加藤君はお手柄でしたが、将来は「昆虫の研究者になりたい」といっています。

この加藤君の場合は、ご両親が子どもの趣味を伸ばした好例で、14歳を待つまでもなく、9歳で自分の目標を決めています。すばらしいご家族です。

こういった場合、よくある例として、両親の趣味嗜好に合った遊びや興味なら許すくせに、合わないものは「そんな遊びやめなさい」とストップをかけることです。

私の知人の息子さんは、いまはあまり見なくなったザリガニに夢中になっていましたが、ある晩、そのうちの1匹がいなくなってしまったそうです。

これに、家の中のどこかにいるのではと母親が青くなり、その晩のうちに全部捨てさせられて、この子は将来の生物学者の夢を絶たれてしまったのです。

ここがとてもむずかしいところで、母親は汚いもの、グロテスクなものを極端にいやがります。しかし特に男の子はそういうものが好きです。

もちろん、きれいなものが好きで成功する男の子も大勢います。妹の髪をいつも結んでやっていた兄が、大きくなって美容師になって成功した、という例を知っています。

母親は基本的にこちらの男の子を可愛がり、ザリガニやイモムシ、カブトムシなどに夢中になる男の子を、芯から好きになれないのかもしれません。

しかし男の子には男の子らしい夢があります。それは空と水、海に対する憧れです。小さな自分の家や環境からの脱出の夢、といっていいかもしれません。

かつて長野県の子どもたちは「山のあなたの空遠く　幸《さいわい》住むと人のいう」というカール・ブッセの詩（上田敏訳）に夢中になっていた時期があります。

四方を山に囲まれた土地柄のため、その山の向こうに行ってみたいというので、鳥やトンボ、ハチなどを追いつづけ、それがのちに、東京に出て出版社を創る夢に変わっていきました。

これによって、現在、日本の出版界は岩波書店を筆頭に、長野県人によって成功した出版社が、圧倒的に多いのです。

子どもの頭を覗けるとしたら、多分私たち大人はびっくりするのかもしれません。それほど大人には理解できないだけに、できるだけその夢を理解してやりたいものです。

ポイント

子どもの好きなものに対して、親の好き嫌いでストップをかけない

「せつない」という感情を知ったら大人

子どもたちが本気で塾に通い、成績を気にし出すのは、小学4年生以降ではないでしょうか。私の孫はそれまでサッカーボールばかり蹴って遊んでいましたが、それがのちのち、役に立つようになります。

1個のボールを敵と味方22人で取り合うのですから、そこには毎回ドラマが生まれますし、汗と涙と友情も生まれます。

『週刊少年ジャンプ』の編集基本は「友情、努力、勝利」です。努力は自分自身でできますが、集団で成り立つ社会は、ひとりの力で勝つことは不可能です。

運命は14歳で決まるというのも、中学生から高校生になる時期に真の友情が芽生えるからでしょう。この14歳ですばらしい友人に巡り合えれば、人生は勝利に向かうのです。

私自身は14歳のときに日本が戦争に負けたことで、運命が大きく転換しましたが、それによって大人になったのも確かです。

つまり14歳という年齢は、男でも女でも大人になれるはずなのであって、もしこの年で大人になりきれないとすれば、それは少し甘ったれていると思っていいでしょう。

野坂昭如という作家に『火垂《ほた》るの墓』という短篇小説があります。

空襲で親を失った14歳の兄と4歳の妹が、終戦前後の混乱の中を、必死に生きている様子を描いたものですが、これは彼の自伝です。野坂昭如と私は同学年なのですが、丁度14歳で、大人になった状況がこの作品に書かれています。

この年頃は精神的に成長していますが、まだ働くことができないので、大人の入口に立つ年頃といえます。

井上靖という芥川賞作家は『しろばんば』という自伝小説を書いていますが、こちらは小学1年から6年までの年齢を描いています。ちなみに「しろばんば」とは、静岡県の伊豆半島の湯ヶ島近辺で、秋の夕暮れ時に飛び回る雪虫です。

この虫を象徴的に題名にしたものですが、自分を6年生まで育ててくれたお婆さんが死ぬことで、自分が「侘《わび》しいものを侘しい」と感じる年頃になったことを感じるというものです。

侘しいという感情は、子どもでは出ません。せつない、もの悲しい、寒々とした、うらぶれた、というほどの意味ですが、恋心を感じると、この表現を感じるようになります。

小学6年生は12歳ですが、この頃から心の中に大人びた感情が芽生えてくるのでしょう。もしあなたのお子さんが、小学6年生あたりから作文にこの表現を使うようでしたら、間違いなく文才があります。

ぜひそれを、大切にしてやってほしいと思います。女の子のほうが男の子より、ほぼ2歳早く育つといわれます。それだけ早く大人になるわけですが、年頃になったら、あまりいつまでも子ども扱いしないほうが、しっかり育つと思います。

ポイント

12～14歳頃の、わが子の作文の表現を見てみよう

上のクラスのビリより、下のクラスのトップ

あなたは子どもの頃の自分になつかしさを感じないでしょうか？　それと同時に、いまの自分に若干でも不満が蓄まっていないでしょうか？　もしかすると、子どものときには、いま現在のあなたより高いレベルにいる自分を想像していたのではありませんか？

あるいは、職業選択を失敗したと思っていませんか？　あるいは結婚相手を間違えた、と後悔している人もいるかもしれません。

もっとレベルの高い男性（女性）と結婚したら、いまのわが子の成績に、こんなにイライラしなくても済んだ、と思う母親（父親）もいるはずです。

たしかに両親の知能指数が高ければ、子の知能は高い傾向にあります。逆にどちらかの知能指数がぐんと低ければ、子の知能がトップクラスになることはありません。

遺伝は弱いもの、劣ったものほど、伝わっていくからです。片方の親の髪の毛が縮れていれば、それが伝わる確率は高く、色白と色黒では、色黒が遺伝する確率は高いのです。

こういった不満が蓄積すると、特に母親は、必死になってわが子を押し上げようとします。しかし勉強の好き嫌いも遺伝によるところが多いともいわれており、まして自分が勉強せず遊んでいたのに、わが子に勉強を押しつけるのは、少し可哀そうすぎます。

私は自分が東京外国語大学のロシア語という、当時のB級の学科を出たことからもわかるのですが、自分の学力に合ったコースに進ませるのが、幸運につながるのではないか、と思うのです。

よくいわれる言葉に、上のクラスで必死に追いかけるより、下のクラスのトップになるほうが、人生はうまくいくものです。

「ビリ」というより「トップ」という言葉が、自分について回るので、何かにつけてトクするからです。

子どもは親から「がんばれ!」といわれるほど、がんばらなくなるといわれます。それだけにほめてやればやるほど、効果が高いでしょう。

誰でも自分では「がんばっている」と思っています。それだけに、他人からいわれたくないと思うのは当然でしょう。

ではなぜ「がんばって！」というのでしょうか？　特に母親としては他人に負けたくないからです。よく知っている家庭のクラスメートには、勝ちたいのです。

こんなところからわが子にコンプレックスを抱かせては、つまらないではありませんか。

むしろ「気楽にやるのよ」というほうが、子どももニコッと笑えるのではないでしょうか？

これは子どもに無理させないということです。ときにはワンランク下げて、気軽な気持ちにさせてもいいではありませんか？　本人が負けず嫌いならそんなことをする必要はありませんが、気が弱い子には、むしろ自信を与えてやるほうが、私の教師経験からしてもうまくいくものです。

ポイント

「がんばれ」ではなく、「気楽にやるのよ」と声をかけよう

無表情で可愛げのない子はソン

これまで私は数えきれないほど、他人の子どもを見てきました。これは私にかぎらず、どの大人も同じことです。このとき、

「なんてこの子はすばらしいんだろう！　うちの子もこの半分でもいい子だったら」

と、うらやましいようなお子さんを見ることもありますが、一方では、

「挨拶も笑顔もなく、イヤな子だな」

と、親の顔がわかってしまうような子にぶつかることもあります。

どんなに勉強ができても、性格がよくなければ、他人によく思われません。

それこそ東大を卒業したからといって、即日経営者になれるわけではありません。やはり大企業ほど下積み時代がなければ、上司から認められないのです。

このとき必要になってくるのは、人間性です。

人に可愛がられないと、出世はむずかしいでしょう。ところがこの可愛がられる性格は、父母のふだんの会話によるところが多いものです。

父母が会社の同僚や近所の方の悪口をいい合っていたら、子どもはそのとき黙っていても、友だちや先生の悪口をいうように育っていくに違いありません。

友だちの中に悪口をいうような子がいても、悪口をいうようになるとはかぎりません。むしろそういう友だちから離れていくほうが多いのです。

ところが自分の親の場合は違います。親はサンプルであり、一種の鏡でもあります。

「反射の法則」という心理法則がありますが、子どもは親がいうならば、自分もいっていいのだ、と思うでしょう。ここが恐ろしいのです。

とはいえ、いつもいつも悪口をいうような両親は、それほどいるものではありません。

ただ悪口はいわないが、明るく笑顔のある親かというと、そんなことはありません。

無表情の親は、意外に多いのです。

そしてその子は親に似て、可愛げのない子に育つことが非常に多いのです。

一番よくいわれるケースに「○○さんの娘の××ちゃんは、お菓子をあげてもニコリともしないし、ありがとうもいわない」というケースがあります。

これは誰に似て、そういう子に育ったかといえば、明らかに両親です。

両親そっくりに育つのです。このまま大人になると、どんなにいい大学を出ても、上からも周りからも可愛がられないでしょう。

どうしても受験最優先になるのは仕方ありませんが、マナーや人間教育がまったくできていないのに、勉強をさせるのは考えものです。

「とてもすばらしいお子さんですね」といわれるようにするのは、母親です。

そしてこのほめ言葉は、その子の一生を左右するほどの重要さをもっています。

なるべく中学卒業までに笑顔が多くて、「ありがとうございました」といえる子に育てましょう。

ポイント

子どもを愛嬌のある子に育てたければ、親こそが愛嬌を意識しよう

あの少年が、のちに上場企業の社長になったワケ

真偽のほどはわかりませんが、石田三成が豊臣秀吉に見出された「三献茶」というエピソードがあります。

狩りに行った帰りに、のどが渇いた秀吉はある寺に立ち寄ります。

そこで茶を所望するのですが、このときその寺の小坊主だった三成が、最初は大きめの器にぬるめのお茶、次に中くらいの器に少し熱いお茶を、そして最後に小ぶりの器に熱く点てたお茶を差し出したといいます。

それはのどが渇いて仕方のないときだけに、秀吉にとってはうれしいサービスでした。

そこで秀吉はこの小坊主を城に連れて帰ったのですが、やはり秀吉の人を見抜く目は鋭く、のちに知られる石田三成まで出世します。

茶の始祖ともいわれる千利休は、これも小坊主だったとき、主人が大切な客を迎えることになりました。丁度秋の深まる頃でした。その日利休は命じられて接待役のお手伝いとなったのですが、彼は白砂の敷きつめられた美しい庭の木に登り、幹を揺らして、白砂の上に紅葉を散らしたといわれます。

これを眺めた客が、紅葉の彩られた白砂の庭に非常に感動し、利休は面目を施したという逸話が残っています。三成、利休とも12~13歳くらいの年頃でした。

次は私が体験した実話です。

その日は初夏でしたが、ひどい暑さとなり、道路も街路樹もからからに乾ききった午後に、作家の家に伺うことになったのです。

ところが私が着くと、その家だけは瑞々しい気が立ちこめているではありませんか。このお宅の息子さんが、少しでも涼しげにしたほうがよいと、朝から二度にわたって、樹木や道路に打ち水をしたというのです。このとき私が心を打たれたのは、その少年が中学生であり、一度ではすぐ乾いてしまうので、客である私の到着時間に合わせてもう一度自分でホースを握って、涼しげに見せるようにしてくれたことです。

この少年はのちに東証一部の企業の社長になりましたが、このサービス精神を中学生ですでにもっていることからも、十分予想された成功話でした。

これからの時代はインバウンドがふえつづけるだけでなく、日本人も世界の人々とつき合わなければなりません。早い人は中学生から外国人とつき合うことでしょう。

それだけに、日本人らしいサービス精神が重要になるだけではなく、外国人が求めるフランクな態度や、オーバーな身ぶり手ぶりも重要になります。

それらは本人が社会に出てから身につけようとしても、なかなかつくものではありません。子どものときから礼儀作法だけでなく、サービス精神も叩き込まなくてはむずかしいのです。

このサービス精神は古い商家に生まれた人や、宿泊、飲食業の家系に生まれた子には、備わっていることが多いものです。ところが公務員やサラリーマン、医者や弁護士など個人業務の両親をもつ子には、ほとんど備わっていません。そこを14歳までに身につけさせることが大切です。

ポイント

14歳までにサービス精神のある子に育てる

小学校卒の松本清張式勉強法

私が編集者として担当させていただいた松本清張先生。

先生は小学校高等科しか出ていません。高等科とは、小学校の6年にあと2年勉強をする制度でした。戦争に負けた1947年までつづいていた制度です。

ちょうどいまの中学2年生、ほぼ14歳から清張先生は働きに出ました。

清張式勉強法は、表と裏、右と左という二面を同時に学ぶというものでした。

ふつうであれば勉強している年月は勉強だけですが、清張先生は、学びと働きを14歳からスタートさせたのです。

清張先生は私に「時間がもったいないから、寝る間を惜しんで勉強しなさい」と、昼は仕事、夜は読書に充てるよう、アドバイスしてくれたのです。

さらに辞書を引く際は、その言葉の左右の言葉の意味も一緒に覚えなさいというのです。たとえば「故事ことわざ辞典」を引くときも「年には勝てぬ」を引いたら、その右の「年取れば金より子」、左の「年に不足はない」を同時に覚えてしまいなさい、と私に教えてくれました。

そのおかげで私は単語にしても、表現やことわざでも、人の3倍ほど知ることができました。この自信がのちに編集者から作家に転身するきっかけになったのですが、清張先生と出会わなかったら、編集者としてそのまま60歳定年になり、いま頃はあの世行きでしょう。

誰でも勉強ができればその勉強を活かしたいため、健康にも注意して長生きできます。清張先生も1日平均5時間という短い睡眠で、82歳まで長生きしましたが、それは自分が若い頃から勉強したテーマを、1本でも多く作品にしたい、という執念があったからだと私は思っています。そして私もこの原稿を書いているいまは87歳です。清張先生より長命ですが、私の経験や知識をできるだけ多く本にしたいという願望が、私を病気にさせないのだと思っています。

このことはわが子を育てる際にも、大きなプラスとなります。

わが家では14歳の孫までも、祖父の私が短時間睡眠で仕事をしていることを知っています。またそれが健康に直結していると考えているようです。

勉強とは何も辞書を引くだけではありません。画家でも陶芸家でも、作家でも編集者でも、やることは無限にあるだけに、昼と夜、右と左、前と後ろ、昨日と明日というように、常に一般人より働く場所や時間を広げています。

「子は親の背中を見て育つ」といいますが、これは働きに出る親の背中だけでなく、父親の本棚の書籍の背も含まれています。

どういう勉強をしているのか、子はじっと両親の勉強ぶりを見ているのです。自分は酒を飲みながら、子どもには「勉強しろ」といってもムダでしょう。

そんな親を見て14歳まで育ったら、間違いなくその子は怠け者になってしまうでしょう。

子にいう言葉は親も同時に実行しなければならないのです。

ポイント

親こそが言行一致であれ

専門的知識は専門家に依頼する

わかりやすい例でいえば、受験英語を学びたいというならば日本人教師でいいでしょうが、会話を学びたいと思うなら、どんなに会話がうまくても日本人より外国人につくべきです。ここのところが意外に、いい加減な親が多いものです。

私の専門でいうならば、雑誌の編集者と単行本の編集者は、互いに文章も編集も専門家でありながら、実際のところは大きく違います。

法律家、弁護士もそれぞれ専門分野が異なりますし、医師は特に専門分野がこまかいので、よほど注意したほうがよさそうです。

かりにわが子が病気になったとしたら、近所の医師でいい場合と、大病院に行かなくてはならない場合も出てきます。親はしっかり、その判断ができなくてはなりません。

わが子の家庭教師を選ぶ場合も、じっくり考えたほうがいいと思います。また部活でも、専門家でない先生が教えていることも多く、まったく役に立たないこともあるそうです。

ピアノや絵画など特別な専門科目を狙う場合は、特に大切です。

私は東京外国語大学を狙っていたので、元外交官の方に英語・英会話を習いましたが、これは非常に役に立ちました。単に英語だけでなく、外国の諸事情を教えていただいたので、なんとなく安心できたからです。

こういうとお金がかかるようですが、そうとはいいきれません。私はわが子が生まれたときから、その子の将来の方向性を考えてやるべきだと思っています。**前々から情報を仕入れておけば、それほどお金をかけなくても、いい先生と知り合うこともできるからです。**

私は「人生は人脈によって大きく違っていく」と思っています。ご縁を大切にすると、ふしぎなことに、息子あるいは娘の将来について、大切な情報が入ってくるものです。

あの教室は小さいけれど、先生がしっかりしているとか、あの家庭教師はこちらの望む学科の卒業生だとか、いろいろ情報が入ってくることにより、大きなプラスが得られるものです。

私は14歳までは、子どものすべてに親は責任をもつべきだと思っています。これが17～18歳で大学を受ける頃になると、本人の自覚も責任も出てきますし、将来は成人式を迎える年齢です。その直前までは親の指導が大事でしょう。

とはいっても、親が受験指導までできるわけではありません。そこは人脈の中から、それぞれの専門家を選ばないとならないでしょう。

ふだんから家にばかり閉じこもっているような親では、人脈は広がりません。さらにはふだんから、自分よりレベルの上の人とつき合うようにしていることも大切です。

またそういう親の行動を見て、子どもも交友関係を広くしていくものです。私はそうやって人脈を広げていきましたが、一見するとムダのように見えても、それがのちのち活きることがあるので、なるべく交友関係を広げていくことです。

ポイント

親として人脈を広げよう

反対するだけでなく、対案を出せる子にしよう

長い間ビジネスの最前線にいると、同じ職場の誰が伸びていくか、誰が落ちていくか、実に簡単にわかります。

落ちていく人間の特徴は、会議で反対意見をいうだけで、どうしたいか「対案」を出さない人です。いや、対案を出せないのです。

昔、「何でも反対　社会党」という言葉が、世間に広まりました。どうしていいか、まったく対案が出せず、ただ「反対、反対」と大声ばかり出していたからです。結局、この党は潰れてしまいましたが、いまでも似たような政党や政治家がいるようです。

しかし政治の世界と違いビジネスの世界では、国から手当をもらうわけではありません。社員が稼がなくてはならないのです。

誰が考えても「反対ばかりしている社員なんていらない！」と思うでしょう。反対するくらいならそれより、「どうしたらいいか？」を考えてくれたほうが、社員のため、会社のためにもなるからです。これが愛社精神というもので、反対ばかりする社員には「愛の心」がない、と思われてしまうのです。

この愛の心は、14歳までに家庭で持たせないと、大人になってからでは間に合いません。

わかりやすい例では、ペットの可愛がり方で、その子の性格ができてしまうものです。本当に可愛がっていれば、太りすぎるようなら、散歩に連れ出し、食べる量を減らすでしょう。これは愛情の表現でもあります。つまり「太りすぎへの対案、対策」が出せるのです。こういう子はただ口先だけでなく、自分で動くことで、よい結果を出そうとするだけに、すばらしい心の持ち主です。

たとえばご飯の時間、子どもが嫌いなおかずだとします。「こんなの食べられない」と、ダダをこねることもあります。幼児なら仕方ないとしても、10歳をすぎてこれでは、どんなに勉強ができても、将来周囲から冷たく扱われることでしょう。

社会に出たら、団体行動になるからです。1人が反対しても多数決が優先します。家庭では少しくらいなら、わがままに目をつぶりますが、社会ではわがままは通りません。「反対!」といえば、「それならやめたら?」といわれるだけです。反対なら、その理由をしっかり述べて、対案を出し「なるほど!」と仲間を納得させなければなりません。それも会議の席上で「対案はあるのかね?」と訊かれて「考えます」というようでは、出世は不可能です。

常に対案を用意し、それをいつでも発表し、実行できなければなりません。実行できない対案を出したら、笑われるだけでしょう。

こういう社会ルールを母親もしっかり教えていかなければならないのです。

またそれだけの社会ルールを、いまの女性はすでによく知っているだけに、母親としての甘さより、社会で働く女性としてわが子に教えていくようにしたほうが、のちのち後悔しないですみます。

ポイント

子どもが嫌がったら、反対意見を自分の口でしゃべらせよう

10年後を考えて1万時間使う人

特定の分野で、世界的な一流になりたいのであれば、1万時間を練習や実践に費やせば成就する、という成功法則があります。英国出身のマルコム・グラッドウェル氏の提唱する「1万時間の法則」ですが、これは誰でも可能かといえばムリでしょう。しかしそれだけの熱意と行動があれば「世界的」まで到達しなくても、一流には達するでしょう。

1万時間練習を重ねるとしたら、どのくらいの年数がかかるのでしょうか？　大ざっぱに計算すると1日9時間として、ざっと3年です。

かりに国語や英語、数学などの教科の授業時間が1日5時間あるとしたら、あと4時間勉強すれば、一流大学に合格することになります。もし1年間浪人生活を加えれば、誰でも東大、京大の合格可能ラインに到達できる計算です。

これは学科の勉強ですが、ネット関連のプロになりたければ、14歳から8年間熱中すれば、大学卒業後には十分な技能を持つことになります。これだと1日3時間以上になりますが、休日にもう少し勉強すれば、なんとかなりそうです。

実はいま、グーグルやフェイスブックなどのＩＴ企業では、ＡＩが普及する10年後には、感性をもつ人間が必要になるというので、芸術家を採用しはじめました。

ＡＩは答えのはっきり出る領域の分野では、完璧な仕事をします。だからこそ金融業界では、窓口業務の社員がいらなくなってきたのです。いや窓口の職員だけではありません。融資担当者も姿を消すでしょう。

ところが答えのない感性的な芸術部門は、ＡＩが苦手とするところで、人間の芸術家の妄想的な仕事には手も足も出ません。

とはいえ、芸術家の妄想、発想をＡＩに示せば、ＡＩはそれを文字や絵画、音楽にすることができるのです。ここで、いままでまったく考えられないようなビジネスが生まれる可能性が出てきました。

すでに欧米の先進的な大学では、早くも芸術とＡＩの融合ビジネスがスタートしているようです。それが完成し、普及するのは10年後だそうですから、現在14歳の子どもにとっては、融合元年に社会人になる計算です。

ＩＴ企業に入社したり、ＩＴ関連の仕事に携わるのであれば、芸術がわかっている人のほうが有利になる、ということです。

くわしいことは、調べればいろいろ情報が入ってくるでしょうが、10年間、芸術分野の勉強をすれば、一流になれるかもしれません。

現在14歳近辺の年頃の子どもをもっている親は、10年後に、社会がどうなっているかをしっかり調べるべきです。そうしないと、わが子を古臭い大企業に就職させて、大失敗の人生を送らせることになってしまいます。

ポイント

わが子を芸術の分野に行かせるのも、選択肢のひとつ

第5章

来るべき時代を知っておく

これからの仕事は3種類に分けられる

この世の中の仕事は大きく分けると、3種類に分けられます。

（1）人間関係の仕事
（2）物品関係の仕事
（3）IT関係の仕事

細かく分ければいろいろ出てきますが、（1）のケースは小さい頃から、友だちと遊ぶ性格でないとうまくいきません。会話が好きでないと、うまく仕事がはかどらないからです。

（2）の物品関係の仕事は、ふだんから物品や道具と向かい合っているので、ほとんど会話の必要がない仕事になります。この種の仕事に合う人は、小さい頃から無口で、人とつき合うのが上手ではありません。

（3）のＩＴ関係の仕事は、この（2）タイプの中で、子どもの頃からパソコン、スマホその他、人工頭脳の機器に大きな興味を抱いているタイプが似合っています。

多くの人がこの3種類に分かれていく年齢は、13〜14歳だといわれています。

つまり中学に入学してからです。

小学校の頃はまだそこまで、趣味も興味も分かれていませんが、中学に入ると学内で理系か文系か調査することもあり、本人自身が自分はどのタイプかを知りたくなるものです。親もわが子はどういう型の仕事が好きか、10代になったらよく気をつけてみることが大事です。それによって、どういう大学の学部、学科が適当かを知ることもできるでしょう。

このところ大きな話題になった就職関連で、新卒の有名私大の学生がタクシードライバーになった、というニュースがあります。

Ｋｍタクシーの国際自動車が、タクシー運転手に新卒大学生を採用しているというのです。ここに早稲田、慶應などの学生が入社したというのです。

ここには数年のうちに退社して、新時代にふさわしい企業に中途入社する、という新しい企業選択法が見られますが、1つだけはっきりしているのは（1）人間関係の仕事に興味をもつ学生が多い、という点です。
タクシーの運転手は、人間に興味がなかったらやっていけないでしょう。列車や航空機の運転と違い、タクシーは1対1の関係が多いので、乗客に対し優しさや正確性が必要になってきます。恐らく親の反対を押し切って入社した学生たちは、全員人間が好きといっていいでしょう。

親はどうしても、学校の成績に目が向いてしまいがちです。それはかまわないのですが、自分の子どもが、どういう傾向の性格なのか、どういうものに興味を強くもっているのか——これを14歳までに知ることが重要です。

実はこの3種類の仕事を大事にしなかったため、途中で挫折する人たちが非常に多いことを知っておくことです。収入が多いからという理由で、自分の性格に合わない会社に入った人たちが、途中で退社するようでは、大きなソンではありませんか？

ポイント

14歳頃に、わが子が3つの仕事のタイプのどれに向いているかチェックする

いま裏通りにあるものは何か？

私たちはどうしても「現在」を中心に、いろいろ考えます。これはいつの時代にも仕方のないことで、まだ何も見えていない世の中や世界を見ようとするほうがムリでしょう。

しかし次のことだけは、可愛い息子や娘のために知っておいたほうがいいと思います。

「いま裏通りにあるものが将来、大きくなる」という真理です。

「裏通り」を「小さなビル」「小さな集団」「怪しげな仕事」に置き換えることもできます。

また、「20～30代の若き経営者がスタートした会社」と考えてもいいでしょうし「まったく知らない業種、業態」でもかまいません。

それらのベンチャー企業こそ、明日の優良企業かもしれません。というのも、銀行や証券会社の創業者たちは、かつて裏通りで活躍していた金融業者ともいえるからです。

近頃は多くの大学で実学を学べるようになっています。なかでも近畿大学は、目標を総合商社に置いているのでは？　と思うほど商品開発に積極的です。しかしこの大学も一時期は、どの県にもあるような、ただの私立大学だったのです。

最近の成功者は、大企業に入って働く人たちより、むしろ中・小企業に入るか自分で起業するタイプのほうが、多くなっているようです。

世の中が落ちついているときは大企業のほうが安全ですが、いまのように世界中から人々が集まる時代になると、それらの人々をターゲットにして、新しいビジネスを展開するほうが面白そうです。

では、わが子が社会に出て働きはじめる10年後には、どういう状態になっているのでしょうか？　堀江貴文さんは「遊びの達人が10年後をつくる。仕事は娯楽であり、趣味であり、エンターテインメントであるべきだ」といっていますが、これを支持する人たちは非常に多いのです。

すでにネット上では「面白いもの」に「いいね」を押す人が溢れています。「面白いことをやろう！」とフェイスブックに書けば、たちまちコメントが集まってきます。

現在でもこの状態ですから、遊びが仕事になることは100%間違いありません。この感覚を14歳までにもっている子は強いでしょう。

その1つの理由は、100歳人間が日本に溢れるからです。

これらの人たちは絵画をはじめ、芸事に精を出すでしょう。

この高齢者こそ、若者のターゲットになるのです。

間もなく認知症は過去の病気になるといわれています。がんの治癒率も上昇します。高齢者は体力を使わずに楽しいことをしたいのです。

あなたのお子さんは、もしかすると、親の知らぬ間に、もうこの知識と情報を知っている可能性があります。

ポイント

時代を先読みする力をつけさせよう

トライリンガルの時代を知る

トライリンガルと書くと、日本語、英語、中国語と思うでしょうが、そうではありません。**日本語、英語と「プログラミング言語」**です。これは茂木健一郎さんと竹内薫さんの説ですが、その通りだと思います。

私たち一般の大人は残念ながらＡＩの出現に対して、対抗する手段をもっていません。せいぜい人工知能を搭載した器具や機器を、仕様書に従って遊んだり使ったりするしかできません。

しかし、これからの新しい時代の若者は、それらを使いこなすだけでなく、人工知能を高めていく役目を背負っています。さらにいえば、２０４５年にはシンギュラリティといって、ＡＩが人間に代わり、多くの仕事をするようになります。いわば社会の逆転です。

このとき親世代で仕事を失う人が続出するとみられていますが、いまの小・中学生はＡＩと一緒に仕事を発展させるようになります。もしかすると親の失業を助けてくれるかもしれない世代です。

いや、ＡＩを使いこなして、ＡＩのできない部分を広げていくことも可能です。なにもプログラミングができなくても、その概念がわかればいい、といわれています。

極論するならば、日本語しかできない人と日本語・英語、あるいは中国語の２ヵ国語ができる人では、レベルが相当違ってしまうでしょう。そこにプログラミング言語がわかれば、圧倒的に有利になることは間違いありません。

この茂木さん、竹内さんの『10年後の世界を生き抜く　最先端の教育』（祥伝社）を読むと、間もなくＡＩが人間の能力を超えるだけに、このＡＩに使われるのと、使いこなすとでは、天と地ほどの差が出てくるようです。

これまでの親と子の関係では、親が年を取ることにより、子が親を助ける立場に立つものでした。それまでは親が子の保護者であるわけです。

ところがいまの14歳の子をもつ両親は、年齢ではなく、子の新しい能力により助けられ

る立場になるのです。もしかすると、トライリンガル世代のわが子は、

「お父さん、いまの仕事では、あと3年のうちに失業しちゃうよ」

と、忠告してくれるかもしれないのです。

「なにいってんだ。お父さんのことを心配するより、自分のことを心配しろ」

と、父親は笑いながらいうかもしれません。ところが本当に3年たったら、会社から退職をいい渡された、ということになるのです。

ＡＩと共存している息子には、何年後にどの仕事がなくなるか、わかってしまうのです。逆にいえばプログラミング言語がわからなければ、先々の変化が読み取れないのですから、シンギュラリティの時代に生きていけなくなってしまいます。

こうなると、語学と数学だけは、勉強しているほうが断然トクになります。パソコンやスマホを幼い頃から使わせている家庭ほど、将来有利になることでしょう。

ポイント

プログラミングを習得させよう

親から子への重要な質問

これは質問家という世界でも珍しい職業をもつマツダミヒロさんの基礎質問法ですが、試しにわが子に、以下の４つの質問を投げかけてみたらどうでしょうか？

（1）あなたは何がしたいの？（What?）
（2）本当にやりたいの？（Are you sure?）
（3）それで？（What do you want?）
（4）どのようにすればいいの？（How?）

最初に「あなたは本当は何がしたいの？」と聞いてみましょう。恐らくこういわれると、子ども心にもドキッとするかもしれません。

というのも子どもは、手近なものに夢中になりますが、本当は何がしたいのか、よくわかっていないからです。

「あなたは何になりたいの？」と聞いても同じかもしれません。大学に入りたいと思っても、何を勉強したいのか、勉強した結果、何をしたいのか、深く考えていないからです。

そこで「本当にやりたいの？」と突っ込まれると、黙ってしまうかもしれません。もしやりたいことが本当に決まっているなら、この２つの質問の答えで親は安心するはずです。

だから「それで？」という微妙な問いかけにしても「それでパソコン買ってほしいの」とか「それでアメリカに行きたいの」など、はっきり答えるでしょう。

まだ本当に心の中でやりたいことを決めていなければ「それでって、どういうこと？」と反対に尋ねてくるかもしれません。

そういうあやふやな気持ちでいれば、４つ目の「どのようにすればいいの？」と聞かれても、はっきり「こうしてください」と答えられません。

これが、しっかりした気持ちでいる子どもは「お金を１００万円貸してください」とか「東京の大学に行かせてください」と、はっきり希望を話すでしょう。

よく「親子はもっと話したほうがいい」といわれますが、ただ漠然と話しても意味がありません。むしろ子どもは、そんな会話を迷惑がるでしょう。

話し合うということは、互いに「本音」と「本気」を引き出す目的がなければなりません。だからこそ、この4つの基礎質問が大事なのです。

特に重要なのは4つ目の「How?」です。子どもがしたいこと、実行、実現したいことに対して「あなたはどうすればいいと思う？」と問いかけることは、子どもの心にもうれしいはずです。親から信頼されていると思うだけでなく、夢が実現しはじめるからです。

かりにそれまではぐずぐずして、どちらかといえば、優柔不断なわが子だったのが、この質問で、急にしっかりするかもしれません。

それだけ質問は重要なのです。もしかすると、その答えによっては、わが子を見直すきっかけになるかもしれないからです。

ポイント

4つの質問を使いこなそう

これから家族形態が変わっていく

これまで家族といえば、全国どの家庭も、それほど大きく変わっていることはありませんでした。祖父母がおり、10歳くらいまでは子守り同然に世話を焼いてくれたものです。

ところが現在では、一軒ずつ家族形態が違ってきたため、ある家庭では認知症の祖父母がいるかと思えば、ある家では離婚して、女手ひとつで子ども2人を育てている、という家族形態もあるくらいです。

健康な祖父母、両親に子どもが3人……といった、絵に見るような理想的な家庭は、ごく少なくなってきています。

これにより、子どもを自由、放任している家庭もあれば、家族全員からうるさく教育を受けている家もあり、本当に一軒一軒の教育が、まったく変わってしまったのです。

さらに大都会と地方の寒村では、教育のレベルが大きく異なるだけに、子どもはどこで生まれ育ったかが、運命に大きく影響してきます。

こうなると、父母の力だけで子どもを育てていくのは、結果的にむずかしくなります。優秀な子でも、地方にいたのでは一流大学で勉強できないからです。

多くの家庭では、何とかしてわが子をレベルの高い大学に入れたいと願っています。それは当然で、状況さえ許せば、そうしたほうがいいに決まっています。

一部には東大はレベルが落ちた、早稲田は慶應に劣っている、といった情報が飛び交っていますが、地方から見れば、東大も早稲田も慶應も高嶺の花であり、一校から1人の秀才が入れば、その高校は万歳でしょう。

しかし現実はそれほど甘いものではありません。大学入学時は家族を離れて、ひとり暮らしをスタートさせるほうがいいでしょう。

都会生活の家族でも、可愛い子どもをひとり暮らしにさせてもいいのではないでしょうか？　できれば14～15歳、つまり高校入学時にひとり暮らしをさせるほうが、早く大人の仲間入りができますし、甘えがなくなります。

なぜ私がこれほど早くひとり暮らしをすすめるかというと、今後家族がバラバラになる確率が非常に高くなってきたからです。

祖父母は病院か老人ホームに、そして父は単身赴任という家庭が、最近とてもふえてきました。あるいは父母が別居、あるいは離婚というケースもふえており、子の面倒を見ることが不可能になってきた家族もあるからです。

10年後には「ソロ社会」といって、1人ひとり別々の生活を営む、という寂しい社会が出現するといわれています。それを先取りすることも、必要かもしれません。

息子だけでなく、娘もそうさせたほうがいいと私は考えています。

ポイント

積極的に、ひとり暮らしをさせよう

子どもの成功の基準が違ってきた

これからの時代は、何度もいうように、いい大学を出たから成功するとはかぎりません。成功の基準が違ってきたからです。

多くの大人は、自分が目標にしたのが「成功」だと思っています。それこそ「末は総理大臣か大統領か有名人」が成功者でした。

しかし、いまはどうでしょうか。そういった肩書ではなく、「大富豪」になることが成功の基準ではないでしょうか？　世界を見回してもわかりますが、米国大統領のトランプ氏は政治家ではなく、大富豪です。政治家が富豪に命令するのではなく、富豪が政治家に命令もできるし、大統領にもなれるのです。

日本でもかりにソフトバンクの孫正義さんが政治家になり、自分の金で政党をつくったら、大臣くらいにはなれるでしょう。もしかすると首相にだって、なれないとはいえません。**日本人はお金を少々卑しむところがありますが、もうその考え方では、米国人や中国人に勝てないでしょう。**

彼らの底力は金の力だからです。そうだとするならば、中学に入ったら、すぐお金の勉強をさせるほうが、成功の確率は高いのです。

大金が自由に使えれば、家庭教師を何人も傭《やと》えばいいだけの話で、わざわざ大学に4年間も通うことはありません。

もっと基礎的にいえば、学校に行かず「ホームスクーリング」で学べばいいのです。家庭だけの学習で小・中・高の卒業資格が取れるのです。

くわしいことはネットで調べれば簡単にわかります。

私の知人のお嬢さんはこの形式で、すばらしい女性に育ちました。

「経済力があって、教育熱心な両親ほど、公教育をあてにしていない」のです。つまり世界の大富豪たちは、自由にわが子の才能を伸ばして、世界で活躍させようとしています。

変わっている家庭では、将来、人類は地球に住むことができなくなるかもしれない、というので、わが子が宇宙空間で大活躍できるようにと、大宇宙の勉強と宇宙空間に長時間いられる身体能力を強くしています。

日本ではバカバカしいと思う人ばかりでしょうが、米国NASAの職員の家庭では、すでにこの教育をしているのです。

つまり教育が多様化、個人化しているということでしょう。またいまの子どもも、将来の希望が多様化しています。それだけ社会自体が多様化しているからです。

その点、親より子どものほうが、自分の未来だけに真剣です。親は古い現在図で子どもの未来を考えていますが、子は未来図で自分自身のあり方を考えているからです。

14歳の子は未来児といっていいでしょう。現在形の考え方で指導するのは古すぎます。

ポイント

親世代の「成功」の形を押し付けない

あなたの子は行動派？　慎重派？

10代に入ると、わが子がどういうタイプか、はっきりわかってきます。たとえば何を頼んでもぐずぐずしているか、それとも即座に反応するかで、性格が分かれてきます。

ロシアの大作家ドストエフスキーは「お前の部屋を見せるがいい。そうすればお前の性格をいい当ててみせよう」といっていますが、父親でも母親でも、わが子の部屋に入ってみれば、ある程度性格がわかるものです。

基本的に声が大きく、足音も荒っぽい子は行動派です。部屋の中もきちんとしていないかもしれません。こんな部屋を見て、ふつうの親は、

「ちゃんと片づけなさい」

というかもしれませんが、それがいいかどうかはわかりません。

私は若い頃から大勢の有名作家の書斎に入り込んでいるのでいえるのですが、片づけ派も乱雑派も両方いるのです。どちらがいい、悪いとはいえません。

私も行動派なので、片づけが苦手です。机の上はいつも乱雑です。その代わりスピード感はあるので、週刊誌の編集長は私にとって、最高の仕事だったのです。

わが子に最善の道を歩ませたいというなら、この行動派か慎重派か、性格をじっくり見極めるといいと思います。極論するならば、こういう性格によって人生行路を選ぶとするならば、それほど間違いは起こりません。

私の知っている例では、いつもぐずぐずしていて親をイラ立たせていた友人がいました。彼はたしかに慎重で、昼ご飯に誘うと「今朝は何を食べたっけ?」と考えて、のんびりと栄養バランスを考えるような男でした。それだけでなく昨日のランチまで思い出すのですが、この男は医師になりました。たしかに医師は慎重であるほうが安心です。

彼は自分の性格に合った仕事をみごとに引き当てたのですが、親は子どもの性格の好き嫌いをいってはいけないのだ、と私自身、反省したものです。

同じように情熱派か知性派か、という点もじっくり観察したほうがいいでしょう。若いうちは情熱派のほうがよく見えるものです。知性派は考え深いので、10代の少年少女としては、元気がなさそうに思われがちです。

10代で知性派は、いわゆる、ませたタイプといえます。ふつうの子は男女ともに、まだ子どもっぽいところが残っているので、情熱派というか、好きなことに夢中になりがちです。

考え深そうな子は、子どもらしくないといって敬遠されがちですが、大人への関門では、この知的タイプは最高です。

「何か理屈っぽくて、子どもらしくない」

といわれそうですが、成長したら頼もしいわが子になるでしょう。

わが子の運命を最高に伸ばすには、この14歳の年代は重要です。

大人になりかけているだけに、むしろ子どもっぽさより、大人びたふるまいをする子のほうが、伸びていく可能性は高いでしょう。

ポイント

行動派か慎重派か、あるいは情熱派か知性派か?

お金の知識を小学生から教えよう

最近は小学校からお金の授業をすべきだ、という声が高まっています。米国では小学校から、英国では中学校から経済、金融知識を教えていますが、日本ではなぜか教えません。経済評論家の森永卓郎さんには『13歳から始める「株とお金」のはなし』（ベストセラーズ）という著書があります。池上彰さんにも『14歳からのお金の話』（マガジンハウス）という1冊がありますが、**子どもを成功させたければ、中学生になったらお金の知識をしっかり教えるべきです。**

私の知人の稲村徹也さんは、経営コンサルタントで投資会社の経営者でもあります。**彼は成功体験を積み重ねることが大事だという信念から、現在14歳のお嬢さんが小学校の上級生になった頃から、お年玉などの貯金を投資に向けさせているそうです。**

正確にいうと、小学校4年生から中国一の講演家ロッキー・リャン氏のパブリックスピーチなどのセミナーで学び、中学3年で、投資の世界的カリスマであるケイデン・チャン氏のバリュー投資のセミナーを3日間受講しています。

すでに中国語も話せるようになっているそうですが、こうして早くからお金の勉強をさせておくことで、仮に本人が将来「投資家になりたい」と考えたとき、その道を選ぶことができるようにさせておくことが大事だ、といっています。

もちろん専門家にならず別の道を選んでも、それだけの基礎知識があれば、リアルに一生困らないだけのお金を稼ぐことができるともいいます。

それでもすでにお年玉などの投資で100万円台まで貯金をふやしているそうですが、まさにこういう家庭教育が大切だと思うのです。

日本人と他の国民、特に中国人やユダヤ人などは、勉強の仕方が大きく変わります。日本人はお金よりも地位や名誉を重んじることが多く、他の民族は金銭を重んじます。

これは日本が島国であり、他の民族から侵略を受けないという楽観論から、地位と土地、家屋さえあれば安全、と考えてきたからでしょう。

しかし現在の日本はそれほど安全とはいえません。そのとき自分をはじめ、家族全員を助けるのは「社長」という肩書きでもなく、マンションでもありません。

外国の銀行に預けてある財産が助けてくれるのです。日本の富豪と呼ばれる人々は、ほとんどそういう生活をしています。金の力を卑しんだり、軽べつしてはなりません。

先ほど書いたロッキー・リャン氏は台湾生まれで、中国の富裕層に財産のふやし方を教えている専門家であり、ケイデン・チャン氏は世界一の株式投資家ともいうべき人物です。

この2人をはじめ多くのお金の専門家がいま日本にやってきていますが、古い頭の日本人は、まだ机の上の学問にしがみついています。

あなたのお子さんには、父親の世代の失敗を受け継がせたくありません。

「お金」という実学を小学生から学ばせないと、ただむだ遣いばかりするわが子になりかねません。私は14歳からの運命で、ここが一番大事だと思っています。

ポイント

14歳までにお金について教えよう

第6章

これで運命は最高になる

リーダーになる子はここが違う

子どもは何歳になったら大人になるのか、という質問をよくされますが、実際には1歳でも2歳でも、大人っぽい子どもはいます。

幼稚園や保育園に入ればわかりますが、すぐリーダーになる子がいます。この子はもう大人といっていい強さをもっています。何人もの同級生をリードできる器だからです。

女の子でもそうですが、最初に生理になった子がリーダーになる可能性は非常に高いです。生理になったということは、体は大人の女性になったということだからです。

わが子を見ていると、まだ年に似ず子どもか、それとも賢く進歩しているかが、わかるはずです。そんなとき、ただ何歳だということで子ども扱いしては、せっかくのいい芽を摘みとってしまうことになりかねません。

『東大脳は12歳までに育てる！』（かんき出版）を書いた谷あゆみさんは、さすがにいいことをいっています。彼女の経験では中学3年生のとき「生徒がなぜ親に話をしなくなるか」を学年主任に聞いてみたそうです。すると、

（1）親はすぐ自分のいったことを否定する

（2）友だちとすぐ比べる

（3）そして最後には必ず「勉強しなさい」という

まさにそんな親ばかりです。これではせっかく親に相談しようとしても、イヤになって親から遠ざかるのも当然です。

実は親に相談しようという子は、非常にすぐれています。ある意味では、親と同格の部分をもつ子だからです。そのすぐれた能力をもつわが子のいい芽を、親が摘んでしまうのは、もったいないとしかいいようがありません。

特に10歳以上、中学生になってから親と話すとすれば、すでに大人といっていいでしょう。それにそれが相談事であれば、同格といっても過言ではありません。もしかするとリーダー的な素質をもっているかもしれません。

これは社会ではっきりしていることですが、人を見抜く目をもたない人は人生の失敗者になり、その目をもっている人は、成功者になる、ということです。

わが子が親に話をしたいということは、しばしばその意見を聴きたいということです。この「聴く」とは「聞く」のとは意味が違います。意見を聴く、考えを聴くことで、それだけでもう大人ですし、もしかすると非常にすぐれた子といってもいいでしょう。

自分だけペラペラしゃべる子は幼いでしょう。しかし親と話し合う子は、その考えや意見を聴きたいということで、頭脳がすぐれています。将来リーダーになるような子は、特に両親の話を聞きたがります。それも経験談に夢中になる子は見どころがあるのです。

もしかするとあなたは、わが子の将来性を低く見誤っていませんか？

特に親世代の話を聴きたがる子は、間違いなく世間で通用します。極論するならば、親以上に成功するかもしれません。耳を使える子は、それほど優秀なのです。

ポイント

人の意見を聴ける子に育てる

共同解決力か単独解決力か？

これからの時代は、1人でなんでもやれるという社会ではなくなります。それこそ人間とAIという2種類の働き手になるのですから、最低でも2人の経営者が必要になります。

そこで近頃は共同代表という、2人の経営者が指導力をもつ企業がふえてきました。少し遡れば、ソニー、パナソニック、本田技研工業、それにマガジンハウスも、スタートしたばかりの頃は、2人のトップが腕を組んで発展させたという歴史があります。

またマンガではありますが、『ONE PIECE』という作品では、友情による共同解決力が基本になっています。

私はこの共同解決力を非常に大事に思っていますが、反面、単独解決力も重要です。

人に頼らず、自分自身の力を信じていくことも大切だからです。

これはふだんからわが子を見ていれば、自ずとわかってきます。

一番わかりやすい例では、グループ競技と単独競技のどちらが好きか。これである程度はわかります。

大勢で戦うスポーツは、共同解決精神がなければうまくいきません。1人だけがんばっても、相手のグループに押しつぶされてしまうからです。

これに対してテニスや卓球、ゴルフなどは、自分が起こしたピンチは自分で解決しなければなりません。この解決力の強い選手が上位に上っていくわけですが、弱い精神力ではまず無理です。

共同解決力は、人に譲る精神が大切になり、単独解決力には我慢が重要になってきます。

またダブルスを組む、つまり2人だと力を発揮する選手もいます。この人たちは助け合い精神がすぐれています。相手に花をもたせる気持ちが大切になりますが、あなたのお子さんは、このうちのどれでしょうか？　これらいろいろな解決法がありますが、1つだけ守らなければならないものがあります。

他人の悪口、陰口はいわないという点です。

どんなにすぐれていても、悪口をいうようでは大成しません。もしどうしても批判しなければならないとしたら「面と向かっていいなさい」と、教えていくべきでしょう。互いに悪口をいい合っても、それが陰口でさえなければ大丈夫です。「仲直り」という方法がありますから。ところが相手の陰口を叩くようでは、共同で問題解決は不可能です。常に疑心暗鬼になり、互いに不満をもつからです。

わが子の日常を見たり、話を聴いたりしていると、友だちとどういう形でつき合っているか、ある程度わかるものです。あまり悪口ばかりいっているようでは、その後の人生はむずかしいでしょう。

ともかく、1人タイプか、2人タイプか、大勢タイプかを見抜くことが先決です。それから注意すべきか、そのまま黙っているかを判断するといいでしょう。

ポイント

人に譲る子は共同解決タイプ、我慢強い子は単独解決タイプ

人生をなるべく易しく渡る

男女を問わず、14歳ともなれば恋愛感情をもつようになります。ここは親として避けて通れません。

少年少女の運命は――

（1）誰と知り合うか

（2）遊び好きになるか、勉強好きになるか

まず、この2つの分岐点で大きく違ってきます。

「誰」とはクラスメート以外の人を指しますが、ここで知り合う仲間によって、遊びタイプになるか、勉強好きになるかの道を辿ることになります。

あるいは親の知らない間に、異性とつき合いはじめる子もいます。いちがいに異性の友

だちがよくないとはいえませんが、人間は年齢によって夢中になるものが決まっています。その年齢を間違えると、非常にむずかしい人生を歩くことになるのです。

たとえば、女性が40代まで異性とつき合わなければ、結婚は非常にむずかしくなるでしょう。あるいは男性が20代で仕事に夢中になれなければ、それ以後の人生は相当苦しいものになります。

他の例でいえば、4～5歳から音感教育をスタートしなければ、専門の音楽家にはなれません。恋愛でいえば、18歳くらいからが一般的であり、異性と一緒に暮らしたいという欲求は、男女とも20代がピークです。

私は「なるべく人生を易しく生きなさい」と教えています。

仕事でいえば、なるべく転職しないほうが人生がラクです。結婚も離婚をしないほうが感情的にも金銭的にもラクです。特に子どもをもって女性が離婚するとなると、人生がややこしくなり、ときにむずかしいトラブルにも襲われます。

もちろんそれは理想であり、誰でも理想通りの人生を歩けるとはかぎりません。とはいえ、可愛いわが子を育てるからには、親として、できるかぎりのことをしてやりたいものです。

そうなると、息子でも娘でも、10代には10代にふさわしい生活をさせたほうが無難です。極論するならば、14歳は自分の人生を形成する第一歩の年齢です。

本人が、自分の能力を発見し、その能力をフルに発揮できるよう、親はじっと見守っていなければなりません。

運動能力がすぐれているのか、芸術的センスがあるのか、それとも数学の才能が高いのか。それらを見つけて、伸ばしてやるべきなのです。

そうすることにより、異性への興味を少し遅らせることができるでしょう。ともかく人間としての基礎部分をつくるのは親の役目なのです。

ポイント

異性への興味はなるべく遅れさせ、その他の部分の才能を伸ばせるように誘導する

周りから応援される子に育てる

藤井聡太君が14歳で専門棋士になったとき、日本中が彼のファンになってしまいました。それは彼のマナーと言葉遣いに魅せられたからです。

正式に将棋を指すときは誰でも正座をするので、それは驚くほどではありませんが、それでも初めて対局する姿を見た女性たちは、14歳の正座姿にびっくりしたようです。

それだけではありません。彼の笑顔と挨拶の言葉、礼儀正しさに二度びっくりです。誰に対しても笑顔で接しますし、言葉も中学生とは思えないむずかしい表現を使うではありませんか。

「実力からすると、望外の結果です」

「僥倖《ぎょうこう》としかいいようがありません」

大人でもあまり使う言葉ではないので、この謙虚な態度が、多くのファンを生んだのでしょう。ちなみにこの2つの言葉は棋士がよく使う表現なので、本当はそれほど驚くような言葉ではないようです。

それにしても、周りの大人から応援されるのとされないのでは、大きく違います。

卓球の張本智和君（15歳）は、いまや日本のエース格ですが、それほどの人気ではありません。その理由に、試合中に発する「チョレイ」という言葉が、他の日本選手の耳障りになるというのです。卓球は個人プレイですが、同時に他の選手も隣の台でプレイするだけに、その声にイライラする選手がいて当然です。

これは卓球の一例ですが、一般人でも周りの人々をイラ立たせるような態度をしたら、可愛がられなくなります。たとえば家にお菓子をお土産に持ってきたお客に、お礼もいえないようでは、その子はその後、応援されなくて当然でしょう。

これは子どもの責任というより、親の責任ではないでしょうか？　特に母親は、大人に可愛がられるわが子になるように、マナーや言葉遣いを教えたほうがトクです。

それこそ母親と一緒に買いものに行ったら、マナーとして荷物をもつ、玄関のドアを開けるくらいはできないと、社会に出てから使いものになりません。

近頃は企業に入った新入社員が、車の乗り方もわからないというので、問題になっています。課長より先に乗り込んだり、訪問先も事前に調べていなかったり。これでは社会人一年生で落伍してしまいます。

藤井聡太君は、祖母と母親によって言葉遣いとマナーを教え込まれたようですが、家庭教育も大事です。

いまのわが子には何が必要か、何が足りないかを、いまのうちに考えておいたほうがいいでしょう。上司や有名人から引き上げられるような明るい性格に育てば、前途は洋々です。中学生は人生の一歩を踏み出す出発点です。

ポイント

14歳までに、他人から好感を得るマナーを身につけさせる

14歳までに、わが子の伝説をつくろう

よく聞く親の愚痴の1つに「うちの子は自信がなくて」というものがあります。「そんなことできない」とか「クラスには、もっとできる子がいる」といって、何にでも尻込みする子がいます。女の子だけでなく、男の子にも多いタイプです。しかしこれがふつうであって、最初から何でもできるというのは、よほどすぐれたお子さんでしょう。

一般家庭では「自信のないわが子」がふつうなのです。

このふつうの子を、いかにしたら自信のある子にすることができるのか？　私は小さいうちに、子ども自身の伝説をつくるといいと思います。

伝説といっても、それほど大げさなものではありません。習慣でもいいし、体験でもいいし、それこそマラソン参加でもいいのです。「その経験をもっている」という伝説をつ

くってしまうのです。

私は母から「人と反対のことをしなさい」と、常々教えられていました。それで10代からみんなが眠っている時間に、深夜まで本を読む習慣がついてしまいました。

友だちは早く寝ているのに、自分だけは深夜まで本を読めるのです。これは私自身の「伝説」になりました。

これが一因となり、社会に出るときには出版社を志望し、有名な作家の担当編集者になれました。ここで松本清張先生をはじめ、遠藤周作、三島由紀夫といった歴史上の作家に可愛がられることになったのです。というのも、これらの大作家たちは全員、深夜まで仕事をするので、私は徹夜が平気な編集者として喜ばれたのです。

この反対の伝説をつくった人物として、大橋巨泉というタレントがいました。

彼は高校で後輩に当たりますが、勉強ができないなら、いっそビリになろう。時代が変われば、ビリが1番になれる、と考えたのです。

こうして大学では勉強を一切せず、マージャン、ゴルフ、楽器にほとんどの時間を割いたのです。

ところが時代はまさに彼の思った通り、テレビ時代になると、こういった遊びがモテはやされることになり、一躍彼は、時代の寵児になったのです。

私の知人に「息子を10歳まで、有名寺院に連れ歩いた」という変わり者がいました。自分が有名な僧侶と知り合いたかったからなのですが、子どもを連れて行くと、多くの僧侶が会ってくれるというのです。そしてその通り、彼の子どもは多くの和尚さんに可愛がられ、頭を撫でられたり、抱き上げられたのです。

これがこの子自身の伝説になり「ぼくはたくさんのお坊さんから、いい子になれといわれた」と自信になっていったのです。そのため、親から「勉強しろ」といわれるまでもなく、自分から熱心に勉強をし、いまではある有名大学の教授になっています。

これと似た話ですが、小さい頃から母にファッションショーに連れ出されたことで、有名デザイナーになった女性は、何人もいます。

これらは、わが子の心に「世界的なデザイナーに可愛がられた！」という、人に話をしたくなるような伝説をつくらせるものです。それは子どもにとって一生の宝になるのです。

かつて、五味康祐という芥川賞作家がいました。

彼は音楽評論家としても著名でしたが、わずか6歳のとき、父親から当時の最新音楽機器であるレコードとスピーカーをプレゼントされたそうです。

これが引っ込み思案で自信のない子を、大きく変えました。彼は私にこのことをよく話していましたが、この伝説があることで、音楽評論家としても一流になっていったのです。

親がわが子にできることを、何か1つでも考えると、それがその子の一生の自信、一生の宝物になると、私は自分の経験から信じています。

ポイント

何でもいい。伝説がわが子の自信になる

メンターがいれば人生は爆発的に変わる

学習塾に行くだけで精一杯だというのに、その上、人生の師ともいうべきメンターを探して、わが子に学ばせるなんて「とんでもない！」と思うかもしれません。

しかしわが子の日常を、じっくり観察してみましょう。もしかするとマンガ家になりたい、と真剣に思ってはいませんか？

現在の中学生が思い描く将来像を見ると、まず男子では——

1位　ITエンジニア・プログラマー
2位　ゲームクリエイター
3位　動画投稿者

4位　プロスポーツ選手
5位　ものづくりエンジニア

5位のうち4つはＩＴ関係の仕事です。
また女子を見てみると――

1位　歌手、俳優などの芸能人
2位　絵を描く職業
3位　医師
4位　公務員
5位　文章を書く職業

となっています。この調査は実施元によって少しずつ異なりますが、それは問題ではないので、ここでは外しましょう。

ここでわかることは、男女とも専門性の高い仕事につきたい中学生が多い、という点です。そうであるならば、早いうちからメンターともいうべき師につくことが大事ではないか、と思うのです。

いまの時代は大学も大きくなりすぎて、教授がメンターになれるとはかぎりません。また中学、高校の担当教師がメンターになってくれるかというと、それはほとんどムリです。つまり、わが子は誰かに頼りたくても頼れない状況なのかもしれません。

もちろんメンターというからには、一生の心の師ともいうべき人であり、中学生の本人がそういう人を見つけることはできません。これは親が見つけてやらないことにはムリでしょう。あるいは偶然の出会いということもあるかもしれません。

テニスの世界的選手になった錦織圭選手が大先輩の松岡修造氏から声をかけられたのは、11歳のときでした。この偶然の出会いが、錦織選手にとって成功のきっかけになったことは確かです。

専門性の高い仕事は、1歳でも若いうちから勉強したほうが勝ちです。

パソコンはもちろん、ピアノや、歌手、絵画、マンガ、文章といった種類のものは、大学を出たから成功する、というわけにはいきません。

ましてプロスポーツ選手になるには、小学校1年からでも遅いくらいです。

思い切って、わが子のために、人脈や情報をたぐり寄せるつもりで、メンターを見つけることです。

美空ひばりは作曲家・古賀政男につき、盲目のピアニスト辻井信行は上野学園の横山幸雄先生が恩師ですが、いずれも両親が心の師を見つけています。親の力が大事です。

ポイント

メンターは1歳でも早いうちに見つけよう

14歳までに単独で勝負させる

14歳のわが子を、

（1）まだ子どもだと思うか？

（2）もう大人だと思うか？

あなたはどちらでしょうか？

奈良朝時代には元服の儀というものがあり、男子は12～16歳で大人と認定されました。女性の場合は、やや遅く17～18歳のようでしたが、これは結婚年齢とも重なっていたようです。昔は夫が14～15歳で、妻が17～18歳というケースが非常に多かった、とも伝えられています。

こういうことを考え合わせると、14歳のわが子は「もう大人だ」と認めたほうが正しいでしょう。ところが特に母親は、わが子をいつまでも可愛がりたいので「まだ子どもだ」と思いたがるものです。

ここで大きな問題が起こります。子どもは「もう自分は大人だ」と考えているのに、親は子どもだと思いたがるため、大きなギャップが起こるのです。

中学卒業時には、多くの男女がHをして別れていく、といわれています。このとき赤ちゃんができてしまう女生徒もいるくらいです。そのときになって驚いても遅いのです。いまのスマホ時代は、できるだけ早くから大人として扱う必要があります。一説には母親は男の子を子ども扱いしたがり、女の子を大人扱いをしたがる、といわれます。

女の子には母親の手伝いをしてもらえれば、助かります。男の子には彼女ができて、自分から離れていくのを、極力止めたいからだ、という話もあります。

この時期が、わが子の運命の分岐点かもしれません。

「可愛い子には旅をさせよ」という古い言葉がありますが、できるだけ早く温室育ちから、つらい世の中に出す必要があります。

恩田陸さんの『夜のピクニック』(新潮社)という「本屋大賞」受賞作品は、茨城県立水戸第一高等学校の伝統行事ですが、この学校には毎年80キロを一昼夜かけて歩き通す「歩く会」があるそうです。これによって精神的に自立する生徒も多いことでしょう。

早稲田大学にも毎年、本庄校から東京の本校まで、一昼夜で100キロを歩き通す伝統があります。どちらの学校も、親の手助けなしに自分で歩きつづけなければなりません。

何を強行させよ、というわけではありません。ただわが子を劇的に変えさせるには、まったく親の手助けなしに行動させることが必要でしょう。

受験も自分だけの実力で勝負しなければなりません。音楽やスポーツ、数学、あるいはパソコンなどでも、世界的な勝負の場があるだけに、できるだけ年少の時期に、参加させてみたいものです。

14歳は子どもから大人への運命を決める、最初の年齢です。ここで自覚と自信をもたせたら、あとは心配ありません。

ポイント

可愛い子には旅をさせよ!

運を引き寄せられる大人にするために

私は人間関係に必要なものは「魅力」だと思っています。女性でいえば美しさが魅力になりますし、笑顔、優しさ、活発さが魅力になる人もいるでしょう。

それは大人の女性にも、可愛いお嬢さんにもいえることです。

また男性にも魅力が必要です。男性の場合の魅力は、年代によって違っていきますが、どの年代でもいえることは「人を引き寄せる力」かもしれません。

この引き寄せの力があるかないかで、人の一生は大きく変わってしまいます。

私は若い頃から占いを勉強してきました。22歳から学びはじめたので、65年間ほどつづけてきたことになります。

これによって私は「運を引き寄せる力」が自分の一生を左右することを確信したのです。

そしてこの「運を引き寄せる力」には、3つの種類があることがわかります。

（1）自分自身が運を引き寄せる人間になる

（2）人を引き寄せる力をもつ方に師事する

（3）幸運を引き寄せる習慣をつづける

この3つさえあれば「最高の人生を送れる」ことになるのです。

ここでは（1）と（2）は外して考えましょう。

なぜなら14歳という年齢では、この2つはまだムリだからです。

しかし幸運を引き寄せる習慣づくりなら、何歳でも可能です。

ここで基本となる「吉凶は動より生ず」という大事な点を知っておきましょう。

これは、易の基本ですが「誰でも行動の仕方によって、運命は大きく変わるのだ」という点を、しっかり心に留めておくことです。

悪い友だちと知り合うから、人生は悪く動いていくのであって、その友だちと手を切れば運は吉へと移るのです。大切なのは日々の習慣なのだ、ということです。

結局どんな人でも毎日しっかり行動すれば、間違いありません。

それを表したのが「引き寄せの習慣図」です。

〈運命の樹〉❹引き寄せの習慣図

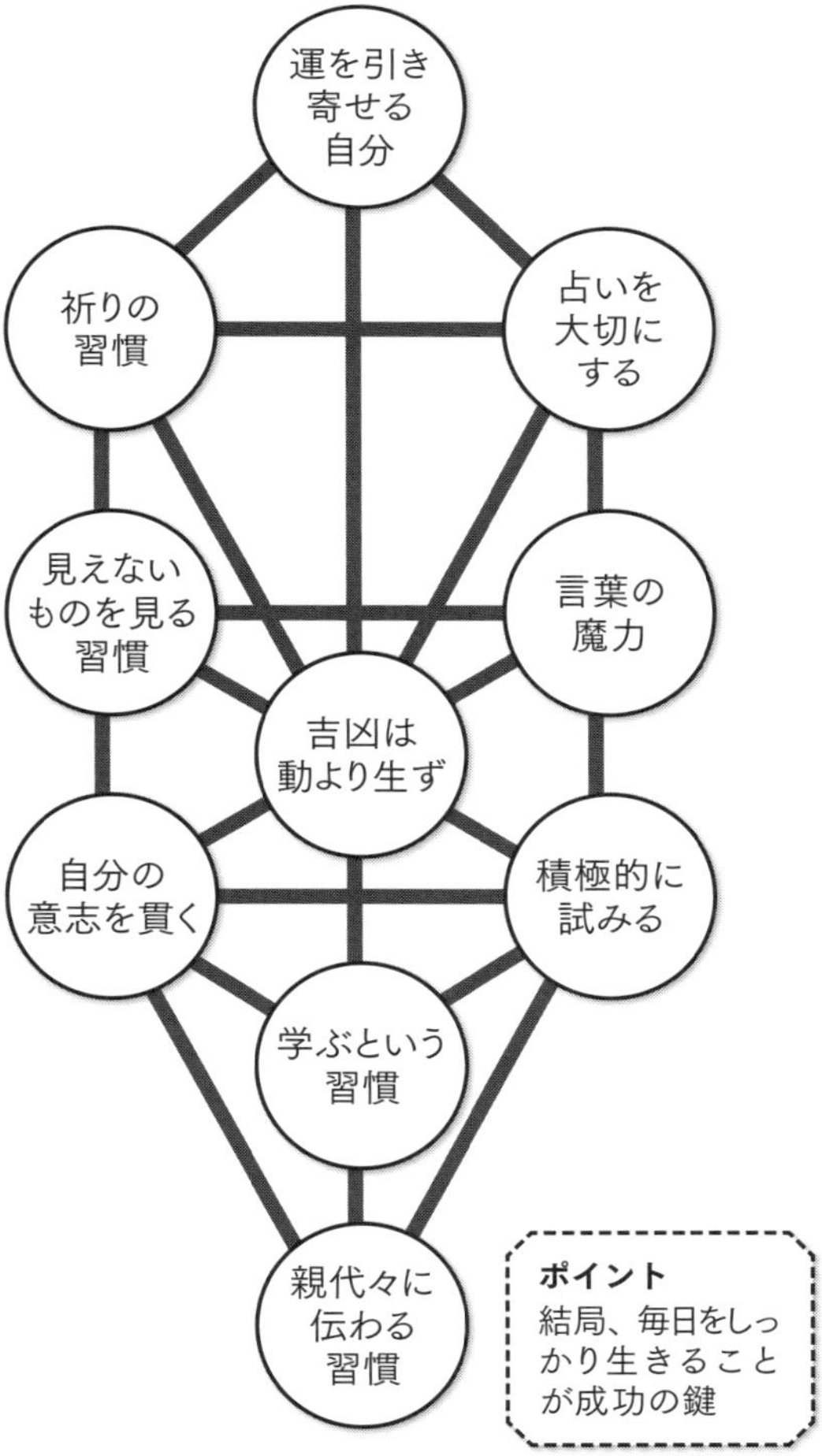

商人の家庭であれば、小さい頃から正座のしつけを大事にします。また、お礼の言葉もしっかり身につけさせます。これによって、りっぱな商人になれるのです。また、ご先祖様の仏壇に朝晩祈る習慣もつけさせるでしょう。「自分がこうしてご飯を食べられるのは、ご先祖様のおかげ」と子ども心にも、お礼を忘れないことが大事になります。

こうして成長していくと、非常に魅力のある商人になっていくし、古くからの顧客を引き寄せる力にもなるのです。

これはまたサラリーマン家庭でも、まったく同じことです。まったく心の教育をせずに、有名大学に入れたとしても、将来、人に尊敬される人間になれるかどうかわかりません。

運を引き寄せるには、周りの人々の協力が重要です。自分ひとりでは運は引き寄せられないからです。むしろ運は逃げていってしまうでしょう。

米国では経営者でも部下から「トム、元気かい?」と呼ばれるそうですが、それだけ信頼されているからだと思います。日本では「社長」と呼ばれても、部下から親しげに話しかけられる経営者は、少数派でしょう。

しかし実際には、部下から慕われ、尊敬される経営者が成功を収めるのです。

将来、そういう人間性の豊かな大人になれるよう、いまのうちから子どもに魅力をつけていったらどうでしょうか？　成功の確率がぐんと高まると思います。

ポイント

いい習慣が、魅力をつくる

手を合わせる大切さを教える

あなたはわが子に、神仏への祈り方を教えているでしょうか？

あるいは神仏でなくとも、スピリチュアルな霊感の強い場所での祈りは大切です。

この見えないものに対する敬けんな祈りの心は、10歳までに形づくらないと、一生もつことができないといわれています。

自然などを前にして、おそれ慎む心をもたせることはとても大切なことで、特に宗教を大切にする世界のさまざまな国の人々とつき合っていく上で、とても大切です。

私は小さな頃から、のんのさま（お月さま）に手を合わせる習慣をもたされたせいか、大人になっても、月を見るたびに手を合わせたくなります。

ことに最近は、目に見えない霊力をもっている人が多くなってきました。特に女性はスピリチュアルな力をもっている人が多く、これらの人たちは、すべて祈りの力が強いものです。

これからは人脈をもっている人ほど、成功する率が高くなりますが、中でも祈りの心をもっている人ほど、高度な人脈をもてるでしょう。

この祈りの心の中には「ありがとうございます。おかげさまで無事〇〇しました」というお礼の心が入っています。

「形として手を合わせなくても、目を閉じて心の中で手を合わせて感謝する」というお礼の心を、小さい頃から植えつけていくと、不思議なことに顔が穏やかになります。

男の子を見ていると、怒ったような顔つきの子がいます。小さいにもかかわらず、人をバカにしたような顔つきになるのは、両親から祈りの習慣を教えられなかったからです。

たまたま神社の前を通ったら、ちょっと立ち止まって、少しでも頭を下げるような子は、間違いなく大人になって成功します。

早くからそのような習慣づけをすることは、親の役目といっていいでしょう。

「うちの子は乱暴で、私の手に負えません」という親は、いまからでも遅くないので、スピリチュアルの聖地ともいうべき土地に、旅行をしてみるといいかと思います。

朝日の上る時間、夕日の沈む瞬間を見たら、わが子の性格が変わったという人もいるくらいです。

どんな経験でもいいですから、させてみることです。何の経験もさせないと「不思議な力」の存在を知らずに大人になってしまいます。

宗教的な力、スピリチュアルな力、祈りの力は、親のいうことに何の疑いももたない幼児の頃から、見せていくことです。

もう14歳まで来てしまったというご家庭だったら、わが子の受験の前に、神仏に祈るといいでしょう。子どもは親が自分のために祈る姿を見ると、誰でもうれしいものです。そのうれしさを大切にさせるのです。

下手でも、手を合わせる習慣の大切さを記憶させるといいでしょう。

ポイント

親が神社や月に祈る姿をわが子に見せる

わが子の性格を知って天職を見つける

「運命が決まる」中には、どの学校で学ぶか、どんな相手と結婚するか、どういう生活をつづけるかなどなど、さまざまな人生行路がありますが、やはり最大の岐路は職業、仕事ではないでしょうか?

私の著書に『すべての運命は「最初の一年」で決まる!』『運命は35歳で決まる!』(三笠書房)などがあります。

この2冊にしても、成功運と失敗運も、職業選択にあると書いてありますが、これは当然で、生きていく上の収入は職業選択にかかっているからです。

この職業選択のむずかしさは、大人なら誰でも気がついていますし、だからこそ、わが子を有名大学に進学させたいのでしょう。

問題は有名大学を出たから、天職を選べるか、という点です。それはまず不可能で、天職が有名企業の中にあるとはかぎらないからです。職業や仕事は無数にあり、私たち人間はこの中から、カンで自分に合った仕事を見つけなければならないからです。

ここに職業を分類したものがあります。

その分類だけでも22項目あるのです。(『天職事典』より。ＰＨＰ研究所)

(1) マスコミ・文学の仕事
(2) アートデザインの仕事
(3) ファッションの仕事
(4) 芸能・音楽の仕事
(5) 映像の仕事
(6) スポーツ・趣味の仕事
(7) 公務員の仕事
(8) 医療の仕事

(9)福祉の仕事
(10)教育の仕事
(11)コンピューターの仕事
(12)サービスの仕事
(13)フード・ドリンクの仕事
(14)旅行・運輸の仕事
(15)販売・流通の仕事
(16)住宅・建築の仕事
(17)お金関係の仕事
(18)コンサルティングの仕事
(19)職人の仕事
(20)自然相手の仕事
(21)自営の仕事
(22)その他の仕事

最後の（22）その他の仕事の中には、気象予報士、樹医、潜水士、便利屋などなど、いろいろあります。これは1つの分類方法ですが、すべてを含めると362の仕事があるようです。もっと別の分類法もあると思いますが、いずれにせよ、このたくさんの仕事の中に、わが子の天職が入っているのです。

こうなると大学名ではなく、学部・学科こそが大事ということがわかるのではないでしょうか？

適職・天職を見つけたいと思うならば、なるべくわが子の幼い頃から、好きな遊びを大切にすべきです。その中に天職が入っていることが、意外に多いからです。わが子の好きなことをじっと観察しつづけていきましょう。

ポイント

子どもの好きな遊びが、天職になる

おわりに——

育て方を後悔しない

ひと昔前までは結婚適齢期が決まっていたようで、女性は18歳、男性は24歳という時代もありましたが、そのうちに女性24歳、男性28歳という年齢が定着しました。

いまの団塊の世代以上の夫婦は、ほぼこの年齢で結婚していたものです。

ところが、いまはどうでしょう？

結婚年齢はバラバラになり、早婚のカップルもいれば、極端に遅く40代の初婚夫婦もいるくらいです。

これによって、14歳の子をもつ夫婦の年齢も、大きく変化してきました。以前であればわが子を手放し、ひとり立ちさせる両親は、もう少しのんびりしていたかもしれません。

子どものほうも高校を出るまでは、何も考えなかった人も多かったでしょうか？　ところが現在は、そう簡単にいかなくなったのです。

14歳の子をもつ母親の年齢はバラバラになり、30代の若い母親もいれば、50歳を過ぎた母親もいます。そして子を育てる上で一層むずかしくなったのは、ひとりっ子のケースが多くなった点です。

それも最近では男の子でなくても、女の子ひとりでもかまわない、という夫婦も多くなってきました。二人を育てるだけの収入や時間がない、というわけです。

それによって、どの家庭でも「ひとりのわが子」を大事にするようになってきました。

そしてここが重要なのですが、大事にするあまり、育て方を間違える親が激増してきました。溺愛という言葉がありますが、父母が大事にするあまり「困った10代」がふえてきたのです。

この本の題名『子どもの運命は14歳で決まる！』とそっくりに、14歳で落伍していく子どもたちが、マスコミを賑わせるようになってきました。

たしかにいまの生活はラクではありません。

両親の年齢によっては、育児放棄同然の育て方をされる子どもも少なくありません。

しかしわが子は家庭の中の輝ける星であり、育て甲斐のある存在です。

それだけに、育て方を間違えさえしなければ、すばらしい未来が本人だけでなく、家族にも待っているのです。

読者の中には「14歳とは早いな」と思う人がいるかもしれませんが、18歳が成人になる日は近いのです。あとになって「しまった！」と後悔しないようにしませんか？

櫻井秀勲

著者プロフィール
櫻井秀勲（さくらい・ひでのり）

1931年、東京生まれ。東京外国語大学を卒業後、光文社に入社。

遠藤周作、川端康成、三島由紀夫、松本清張など歴史に名を残す作家と親交を持った。

31歳で女性週刊誌「女性自身」の編集長に抜擢され、毎週100万部発行の人気週刊誌に育て上げた。

55歳で独立したのを機に、『女がわからないでメシが食えるか』で作家デビュー。以来、『運命は35歳で決まる！』『人脈につながるマナーの常識』『今夜から！口説き大王』『寝たら死ぬ！頭が死ぬ！』など、著作は200冊を超える。

著者公式HP
http://www.sakuweb.jp/
オンラインサロン『櫻井のすべて』
https://lounge.dmm.com/detail/935/

子どもの運命は14歳で決まる!
—わが子の将来のために、親として何ができるか

2018年8月1日　第1刷発行

著　者　櫻井秀勲

発行人　岡村季子
発行所　きずな出版
東京都新宿区白銀町1-13　〒162-0816
電話03-3260-0391　振替00160-2-633551
http://www.kizuna-pub.jp/

ブックデザイン　池上幸一
印刷・製本　モリモト印刷

ISBN978-4-86663-042-7

きずな出版